⇦ 牛奶胡子的广告——这一撇牛奶胡子因大量名人的参与成为一种时尚

⇦ Aquafina 瓶装水广告——Aquafina 就是这样纯净,我们保证什么也没有

⇨ 莫尔森啤酒广告——喝莫尔森啤酒的男性永远充满自信

⇦ 麦可洛超级淡啤酒广告——失去更多糖分，保持醇正味道

德尔快餐店广告——新鲜的配料带来新的感受

《谁想当百万富翁》广告——每周三个晚上都有一位美国新星诞生

塔吉特公司广告——更多期待，更低价格

"维多利亚的秘密"广告——"维多利亚的秘密"就是没有秘密

美式营销战

周环宇 著

美国行业营销经典案例

北京大学出版社
PEKING UNIVERSITY PRESS

图书在版编目(CIP)数据

美式营销战:美国行业营销经典案例/周环宇著. —北京:北京大学出版社,2007.7

ISBN 978-7-301-12482-6

Ⅰ. 美… Ⅱ. 周… Ⅲ. 市场营销学—案例—美国 Ⅳ. F713.50

中国版本图书馆 CIP 数据核字(2007)第 093066 号

书　　名:美式营销战——美国行业营销经典案例

著作责任者:周环宇　著

责 任 编 辑:于海岩

标 准 书 号:ISBN 978-7-301-12482-6/F·1666

出 版 发 行:北京大学出版社

地　　址:北京市海淀区中关村成府路 205 号　100871

网　　址:http://www.pup.cn

电　　话:邮购部 62752015　　发行部 62750672

　　　　　编辑部 82893506　　出版部 62754962

电 子 邮 箱:tbcbooks@vip.163.com

印 刷 者:三河市欣欣印刷有限公司

经 销 者:新华书店

　　　　　787 毫米×1092 毫米　16 开本　4 插页　17.25 印张　267 千字

　　　　　2007 年 8 月第 1 版第 1 次印刷

定　　价:39.00 元

未经许可,不得以任何方式复制或抄袭本书之部分或全部内容。

版权所有,侵权必究

举报电话:010-62752024;电子邮箱:fd@pup.pku.edu.cn

机遇，总是眷顾创新者
——美国行业营销趋势初探（代序）

周环宇

在美国，消费趋势与消费习惯的变化，促使传统与新兴行业的企业不断进行改革，以适应善变的消费者。宽带日益普及，一些美国民众可以将电视节目和电视剧下载到电脑上观看，另一些人则购买DVD欣赏完整部电视剧，以避开广告的打扰。

这对于企业可不是什么好消息：它意味着企业借助营销广告攻势推广产品的效果在减弱，企业必须进一步提高产品质量，加强客户服务水平，加速研发符合消费需求的新产品，以便获得更高的利润。

近两年，美国某些行业出现的危机事件或是不利的因素，对业内企业造成了不容忽视的影响。不过，事情都有两面性，凡是在不利的局面中，率先寻找到解决方案，变被动为主动的企业，都将成为市场上的先行者。例如，美国汽车三巨头正在为飘忽不定的油价踌躇时，日本丰田汽车凭借其省油的特色，占据了更多市场份额；花旗银行趁着竞争对手因用户信息泄密而忙得人仰马翻之时，冲入领军阵营……

美国大部分的企业都将经历逆水行舟的不利形势，谁第一个找到突破口，谁就将成为市场的领导者。

美国经济经历风风雨雨的同时，各行业营销广告的新趋势与新动向破茧而出。

营销突破，创新先行

随着行业的发展，企业面临着越来越激烈的竞争。增强企业竞争力，增强品牌影响力，不断发掘新的利基点是企业的生存之道。

品牌成为企业营销的重要武器，深厚的品牌资产是企业开拓新产品、进入新市场区隔的坚实基石，可以实现与消费者的无缝情感链接。

企业的营销难题多种多样：历经沧桑的老品牌因为疏于维护，百年知名品牌遭遇"酒香也怕巷子深"的危机。整个品类面临生存挑战，竞争产品更加追逐潮流诉求，吸引消费者大批分流。该品类所有企业如何调整产品定位，打赢这场生死决战？传统的企业如何借势互联网的威力，成为数字时代的传统与网络的双料玩家？弱势品牌如何利用生活方式营销，引起消费者的关注，塑造空前知名度与认知度，晋升品类领军阵营？新产品上市时，竞争对手拥有绝对领先的市场份额，除了用巨额的宣传费用铺路，还需要怎样巧妙的上市计谋，取得市场优势？这些都是全球企业必须面对的营销难题，美国企业也不例外。

当健康、安全、IT、娱乐等成为普通美国民众关注的焦点之时，也为具有创新意识的美国企业指明了营销突破的方向。

新的机遇，总为拥有创新意识的企业准备着。

把握市场趋势，开拓赢利蓝海

美国企业非常注重捕捉新出现的行业消费趋势。新的趋势意味着新消费需求的诞生。美国的食品饮料与零售业对于新趋势的一些创新性做法非常有代表性。

健康诉求，赢取竞争先机

随着人们生活水平的提高，健康、安全成为消费者最关注的问题，营养食品、保健食品、功能食品日益火暴。

健康成为美国食品饮料业赢利的主打牌。一些著名快餐连锁店和食品公司闻风而动，新产品从制作方法到包装全面强调健康特色；糖果、谷物食品、冰激凌等品牌也纷纷推了低脂低糖的新产品；减肥碳酸饮料成为美国饮料销售增长的一个秘密武器。

一份美国食品行业年度报告指出，食品公司正召集力量开发减肥、有益心脏的健康食品，以便最短时间内进入新市场区域，实现赢利最大化。

零售巨头渗透社区，巧打埋伏营销

美国消费者的购物热情始终高涨，零售业在假期总能够收获很多。美国零售业形态已发生转变。在大卖场购物一向是美国零售业的标准模式，不过沃尔玛和 Home Depot 等大型零售商纷纷缩小新卖场的规模。沃尔玛率先实施缩小卖场策略，在各地相继开设了 31 家规模较小的社区分店，营业面积比传统的沃尔玛卖场小得多，而且停车更方便、走道更宽敞、结账更迅速。沃尔玛发动的社区埋伏营销为其赢得了更多忠诚的客户，并获得了可观的收益。

内容为王，娱乐传媒引爆造势潮

美国电影业专家认为，科技促进了电影广告的发展。汽车等传统类别的品牌纷纷启用电影媒体，也向电影媒体提出了一个新挑战：如何传递娱乐价值？

当电影促销如火如荼之时，电视也在合作伙伴的助威声中，掀起一波又一波的造势热潮。

电视网掌握了品牌传播的绝对控制权。企业对市场的拿捏更加精准，开始大力推行整合营销模式。它们选择更具策略性的媒体投放与赞助方式，尽量避免大面积撒网，白白浪费金钱。

美国现在共有五大广播电视联播网：全国广播公司、哥伦比亚广播公司、美国广播公司、福克斯电视网、The CW 电视网（The CW 是在 2006 年末由 UPN 和华纳合并而成的）。

有线电视业一直企图说服广告主相信：五大广播电视联播网的观众份额不断分流到各大有线频道。但是媒体购买者清楚地知道，即使收视率最低的电视联播网，也比最大的有线电视网的收视人群要大。

一家媒体研究公司的调研显示，美国的家庭通常能够收看到 120 个频道，但观众一般只收看其中 18% 的频道，五大广播电视联播网则是这 18% 的频道中的佼佼者。

近年来，美国有线电视网的大多数节目采用原创真人秀的节目形式，真人秀节目的涌现也促使原创节目不断推陈出新，这为有线电视网与五大广播电视联播网进行正面交锋，提供了更大的竞争砝码。

另外，新闻是有线电视网又一大经营与创收的亮点。全球安全问题、经济问题、教育问题……美国观众更关注最新发生的新闻事件。

互联网进入大发展期，以其作为载体的产品大量涌现，并成为赢利大热门。网络身处科技最前沿，其革新性的发展深深地影响许多行业的发展趋势："播客"引发美国传媒业新革命，iPod成为新潮代言人，My Space为网络续写传奇魅力……网络成为企业越来越青睐的营销利器。

媒体是企业发动营销战役的重要传播平台。利用媒体发动营销战役，是众多美国企业的不二选择。使用媒体意味着付出不菲的宣传费用，只有擅长运用与选择最恰当的媒体才能实现最佳的投资回报。巧用媒体资源和借助事件营销使锐步、"维多利亚的秘密"等许多美国知名企业成功完成品牌重塑、战略转型、品牌定位等阶段性营销目标。

品牌创新，企业开拓新利基的法宝

从以上美国行业的热点、企业、媒体发展趋势的梳理中，我们不难看出，企业只有很好地把握与调配好行业热点趋势、与媒体的关系，才能在商战中取得更多的主动。创新为企业赢得更多生存机遇。

美国的行业营销中一些企业的成功案例都离不开创新的想法与大胆的尝试：

美国牛奶业面临生存危机，一个品类营销战役——"喝牛奶了吗/牛奶胡子"十几年的不懈努力，终于扼止了销售的颓势。这其中，几次调整策略、引入明星代言、与其他品牌联合营销、大量调研所获得"消费者洞察"成就了一个又一个战役。

宝马网络电影的成功向世人展示了网络营销的强大威力，揭示了如何解决国际品牌本土化的难题。

当锐步品牌出现老化，亟须吸引更年轻消费者时，锐步没有简单地采取明星代言的方式，而是反其道行之，巧用美国收视率最高的节目——

"超级碗",打造平民明星,使品牌重获新生。

……

发生在美国本土营销战役的成功经验,对于我国的企业也有着很好的借鉴与参考价值。

美国食品饮料、医药、传媒、娱乐、汽车、零售、日化、服装、IT网络等是发展最快的行业且竞争最激烈的行业,每年涌现出许多颇具创新性的营销构思,不但帮助企业有效地开拓市场,也为行业营销提供了全新的突破方向。

这些新奇的营销思路同样有助于我国企业碰撞出更加耀眼夺目的思想火花,创造一个又一个营销奇迹。

我们坚信:机遇,总是眷顾创新者!

目录

第一章　美国食品饮料业营销　/1

牛奶：一个传奇的诞生
　　——"喝牛奶了吗/牛奶胡子"美国牛奶营销传奇战役　/3

"什么也没有"保证什么也没有
　　——Aquafina瓶装水整合营销战役　/19

"红色代码"就是"病毒"
　　——"红色代码"饮料病毒式营销案例　/25

将生活颠覆到底
　　——莫尔森啤酒美国策略转型案例　/31

突破活力底线
　　——麦可洛超级淡啤酒上市案例　/38

打包水火交融的墨西哥风情
　　——美国德尔墨西哥风味快餐连锁店品牌整合战役　/42

康阿格拉：让顾客当回真正的上帝
　　——康阿格拉方便餐品牌定位案例　/51
百事：超人气品牌网络传播案例　/60

第二章　美国医药业营销　/63

辉瑞缔造"伟哥"传奇
　　——万艾可上市推广案例　/65
唤醒美国的圆梦行动
　　——Breathe Right 鼻贴品牌定位战役　/80
开拓第四度空间
　　——葛兰素史克在线整合传播案例　/84
劝诫宣传的"叛逆"路线
　　——"健康的密西西比州合作计划"推广战役　/87

第三章　美国传媒业营销　/91

"这不是电视，是HBO"
　　——HBO频道的特色营销案例　/93
生与死的终极游戏
　　——《生存者》真人秀节目整合营销战役　/100
让财富变为成功的代名词
　　——美国广播公司节目宣传案例　/105
"正义与罪恶"是高收视率的最佳增效剂
　　——美国法庭频道经营案例　/109

第四章 美国娱乐业营销 /113

《女巫布莱尔》如何引爆票房炸弹 /115
剪辑魅力卖点
——电影《魅力四射》上映整合营销案例 /127
《卧虎藏龙》的戏外功夫
——电影《卧虎藏龙》美国上映整合营销案例 /133
"圣诞怪杰"如何拯救圣诞节
——电影《圣诞怪杰》反季节营销案例 /139
《角斗士》反败为胜的上映计策 /142
解冻《冰河世纪》
——《冰河世纪》上映宣传战役 /144

第五章 美国汽车业营销 /147

宝马:将娱乐进行到底
——宝马美国公司娱乐营销案例 /149
品牌生存游戏
——Aztek 上市整合营销案例 /165
好莱坞的魅力
——Intrigue 汽车上市个案 /167
SUV 的风格化突破
——尼桑 Xterra 上市营销战役 /169
凯迪拉克:演绎网络化动态游戏 /174
尽善尽美的诱惑之旅
——雷克萨斯美国品牌定位案例 /176

第六章　美国零售业营销

标靶基因
　　——塔吉特百货店品牌整合战役　/181

剖析"男人玩具店"的秘密
　　——西尔斯"店中店"创新经营案例　/192

西尔斯：突破传统在线营销定式　/197

第七章　美国日化业营销

雅诗兰黛的美丽战争
　　——雅诗兰黛美国营销案例　/201

"酷一代"的时尚攻略
　　——美宝莲美国品牌整合战役　/205

第八章　美国IT网络业营销　/211

回归本性
　　——IBM"电子商务e代"营销案例　/213

体验营销游戏
　　——微软Xbox游戏机上市营销案例　/221

第九章　美国服装业营销　/229

"维多利亚的秘密"就是没有秘密
　　——美国"维多利亚的秘密"品牌整合营销案例　/231

美国传奇的复活
　　——Coach 品牌美国经营案例　　/240
明星是这样造出来的
　　——锐步公司品牌整合营销战役　　/244
耐克：全方位互动营销战役　　/258

后　记　　/261

第一章

美国食品饮料业营销

牛奶：一个传奇的诞生

——"喝牛奶了吗/牛奶胡子"美国牛奶营销传奇战役

美国土地面积广阔，畜牧业资源丰富。据统计，加利福尼亚州（简称加州）饲养的奶牛数量最多，平均产奶量在全美各州中排名第4位，是美国牛奶第一主产州。

牛奶作为一种传统的饮料，富含营养，一直是大众的主力消费饮品。

随着生活水平的提高，人们对于饮食的需求，已经不再满足于简单的充饥，而是追求更多新奇的感受。对于饮料的选择也不再局限于牛奶等传统饮品，而是把目光转向其他五花八门的饮料。

20世纪90年代中期，美国饮料业大发展，造成牛奶销售量下滑。同时，消费者对牛奶的认识也出现了一些误区，牛奶被看做脂肪含量很高的饮料。尽管低脂牛奶已经上市，但被消费者误认为没有什么营养。美国的牛奶产品不论是包装还是产品本身都没有多少改变，从而导致牛奶被看成过时的产品。这些原因使牛奶的消费量在近30年里持续下降。

除了饮料业竞争的直接原因外，牛奶这一品类的核心消费群——年轻消费群对牛奶逐渐失去兴趣也是牛奶消费量滑坡的原因之一。年轻人虽然知道牛奶是一种有营养的饮品，但是把牛奶视为中老年人的饮料或婴儿食品。作为时代潮流的追随者，他们选择购买口味最新、最前卫的饮料，以免落伍，牛奶则是可喝可不喝的。包装亮丽、口感诱人的碳酸饮料、果汁、茶饮料等新产品层出不穷，永远令年轻人乐此不疲。

20世纪90年代初，基于上述日益严重的生存环境，美国牛奶业全体总动员，纷纷推出大型的营销宣传战役。实际上，这些大型活动也得到了美国农业部的大力支持。为了提升牛奶业的竞争力，美国农业部从政策上给予了一定的支持。

美国政府于1990年颁布《液态奶促销法令》。这一法令为液态奶生产商提供了权威保证：开发和资助营销广告战役，保证全美的液态奶市场得以拓展并提升液态奶的销量。另外，《液态奶规则》于1993年12月10日生效，由美国全国液态奶生产商推广管理委员会负责执行。美国牛奶业的推广大战由此拉开序幕。

一个产业的发展，是全体从业者共同努力的结果。为了拯救每况愈下的牛奶产品，加州的牛奶企业与乳品企业于1993年成立了加州牛奶生产商管理委员会（简称加州委员会），开展一项大型营销计划，以扭转加州牛奶消费量下滑的趋势。

从1999年开始，加州委员会和美国全国液态奶生产商推广管理委员会达成协议，联合推广拯救牛奶业的计划，这就是对美国牛奶业的发展起到巨大推动作用的、著名的"喝牛奶了吗/牛奶胡子"营销广告战役。

"喝牛奶了吗"捍卫生存之战

从20世纪80年代初期开始，加州牛奶消费量每年平均下降2~3个百分点。为了扼制牛奶销量的下滑，"喝牛奶了吗"营销宣传战役应运而生。

该营销战役不仅要提高牛奶业的整体形象，更重要的是增加牛奶的销量。加州委员会首先展开了一系列调研工作，寻找消费者减少牛奶消费的原因，同时更深层次地了解消费者的饮食习惯。

在美国人的生活中，牛奶的确扮演着十分重要的角色。

加州委员会首先在加州地区针对11岁以上的消费者进行了电话访谈。调研表明，被访者普遍知道喝牛奶对身体有好处；占消费量88%的牛奶是在家里饮用的，而且通常是和其他食物一起享用的，如麦片粥、饼干、糕点等。甜食是美国家庭饮食中不可或缺的食物，美国人已经习惯于在家休息时，自己烘制甜点，再配以牛奶，全家一起享用。早餐的时候，更喜欢用牛奶冲泡麦片粥。

大多数美国消费者口渴时，会饮用可乐、果汁、茶水等解渴，但是当他们打算享用巧克力饼干、曲奇饼或麦片粥时，很难想象用可乐、果汁等饮料来代替牛奶是何种感觉。

通过调研，加州委员会还找出消费者在什么情况下饮用牛奶，以及在这些情况下如果缺少牛奶会有什么感受。例如消费者在"打算吃曲奇饼或麦片粥时，突然发现牛奶喝光了"会作出怎样的反应。调研结果使加州委员会欣喜地发现：大多数人都是在喝光牛奶的时候，才发现牛奶没有了。此时，他们通常表现得很沮丧与失落，甚至产生懊悔的感觉。

加州委员会通过前期的研究，最终将营销宣传策略的重点放在对消费者的教育上。首先从重新培养消费者的消费习惯与重塑他们的生活方式入手，选用在受众中到达率与影响度最高的电视媒体作为传播平台。在短时间内密集曝光，迅速提升消费者的心理期待指数，将"怎么能缺了牛奶"这句警示语印在他们的心中。

广告战役是整个营销战役中的关键部分。广告的诉求主题围绕"牛奶缺乏"或"牛奶没有了"展开，描写了一个又一个人们突然发现牛奶喝完时的沮丧情景，尽情地揶揄没有牛奶可喝的人们的痛苦。随着观众一阵阵开心的大笑，"喝牛奶了吗"逐渐被各层面的消费者接受。

感受"没有牛奶"的日子

1993年，加州委员会推出了第一支电视广告《阿伦·伯尔①篇》。广告幽默、诙谐，充分展示了没有牛奶可喝时人们的极度痛苦。广告片讲述了这样一个故事：

一个历史迷正坐在家里，一边喜滋滋地吃着巨无霸花生酱三明治，一边收听着古典音乐电台举办的"琐事大赛"。主持人提问了一个很难的历史问题："谁开枪打中了亚历山大·汉密尔顿？"谁答对了就可以得到1万美元的奖金。场上的选手无人能答。

镜头再次切换到那个历史迷的家。他的家里堆满了与亚历山大·汉密

---

① 阿伦·伯尔：(1756—1836年) 美国政治家。1804年7月11日，伯尔在一次决斗中使对手亚历山大·汉密尔顿受到致命创伤。

尔顿相关的各种资料。

此时，历史迷的脸上显出得意的神情，看样子他肯定知道答案，而且志在必得。"阿伦·伯尔"几个字脱口欲出，然而历史迷嘴里填满了花生酱，当他打开牛奶盒准备喝口牛奶润润嗓子时，却发现牛奶盒是空的！于是他只能勉强说一个令人费解的答案："阿呜呜·贝哈哈。"谁也听不清楚究竟是什么。

广告结束时，打出了一句广告语："喝牛奶了吗？"这是"喝牛奶了吗"战役里的经典广告，从此"喝牛奶了吗"慢慢为美国广大消费者所熟知。

《阿伦·伯尔篇》广告的投放策略对这支广告的最终成功起到至关重要的作用。广告创意里选取的"琐事大赛"这类竞赛节目题材在美国极为盛行，广告片把熟悉的场景与幽默的生活片断完美地融为一体，再加上广告合情合理的夸张与渲染，引起了消费者的共鸣。

《阿伦·伯尔篇》是"喝牛奶了吗"系列广告的第一支，也是开展十几年的广告战役中最著名的广告之一。这支广告在首播6年之后，于2002年7月再次在加州重播，之后在全美范围陆续播映，以满足美国观众的怀旧之情。这也是"喝牛奶了吗"在2002年时的宣传策略：继续保持"喝牛奶了吗"诉求的说服性，更好地链接了经典与创新。

除此之外，加州委员会想尽办法拓展思路，为消费者奉献出一个又一个的幽默广告，让他们在愉悦的同时，强化"牛奶是生活的必需品"的概念。

"喝牛奶了吗"系列广告取材广泛，对整个美国文化进行了细致的梳理，深厚的文化背景也使广告在消费群里产生了不同寻常的反响。

1993—1998年的传播策略，都以"缺乏牛奶"作为诉求的主题，系列广告沿用《阿伦·伯尔篇》的路子，以幽默的形式、出人意料的结尾夸张地展示"没有牛奶"的尴尬情景。

第一阶段的战役可以从以下几个方面加以剖析：

■ 没有牛奶，上了天堂也遗憾

《天堂篇》广告拍摄于1994年，是当年最受欢迎的电视广告之一。在人们的观念里，恶人下地狱似乎是天经地义的事情。不过，在广告中，一个冷酷无情的商人被卡车撞死后，没有得到应有的惩罚，他居然获准升入天堂。商人高兴极了，可是他到了天堂没多长时间，就发起愁来，因为天堂里没有牛奶，这使他无法享用美味的小甜饼。对他来说，不能喝着牛奶品小甜饼，生活将不再美妙。

人生中有多种多样的选择，如果商人事先知道地狱里有牛奶的话，他是否会毅然决然地选择坠入十八层地狱呢？不过，以人人向往的美好生活的最高境界——天堂作为切入点，达到了出人意料的效果。没有牛奶配合曲奇饼与麦片粥，会在美国消费者心中引发更深层的触动。大家都知道这支广告是虚拟的，但是"没有牛奶，上了天堂也遗憾"的诉求深入人心。

■ 没有牛奶，什么都可能发生

《打石膏的人篇》广告充分说明，牛奶的力量在于将一切不可能的事情变成可能。

一间病房里有甲乙两个病人，甲全身打满石膏，一动不动地躺在床上。这时，乙的朋友前来探望，带来了一盒可口的小甜饼。为了表示友好，乙的朋友也为甲递上了一块小甜饼。乙与朋友一边喝着牛奶、品着小甜饼，一边聊天。聊得兴起，谁也没有想到帮助嘴里塞满小甜饼的甲喝上一口牛奶。突然，说笑的人们听到了一阵阵古怪的声响，他们发现全身被石膏绑着一点也不能动的甲，由于喝牛奶心切，在病床上疯狂地动起来！

在这支广告里，美国人喜食甜品的爱好被表现得淋漓尽致。完美是人们享受生活的要素之一，病人甲超乎情理的夸张表演，正反应了追求完美的心情。甜饼配牛奶，是加州委员会诉求的核心，享受不打折，"没有牛奶，什么都可能发生"，这一点也不奇怪。

■ 牛奶是一种神奇的东西

最初调研的时候，有的受访者谈到"想喝牛奶却又喝不着"时的感受，表示："那种感觉简直太难受了。面对一碗美味的麦片或热气腾腾、香味四溢的曲奇饼,看到谁在喝牛奶都恨不得立即抢过来……"

《宝贝儿与猫篇》广告的创意灵感就来自上述调研的发现。该片由美国大片《珍珠港》的导演迈克尔·贝执导。广告片里有三个角色:父亲、女儿与猫。故事发生在厨房,是典型的美国肥皂剧的场景。

女儿坐在高脚凳上,独自享用奶瓶中的牛奶;一只可爱的小猫蹲在地上,不紧不慢地舔着食盆里的牛奶;只有父亲一个人守着一碗麦片发呆,因为旁边的牛奶盒空空如也,一滴牛奶也倒不出来。看着女儿与猫享用美餐的样子,父亲感到由衷的后悔,眼睛里充满了羡慕之情。环顾许久,女儿和猫丝毫不顾他期待的目光,继续享受各自的美餐。此时,父亲已经产生强烈的妒忌。他在心里盘算:是抢下女儿奶瓶里的牛奶,还是抢过小猫食盆里的?

女儿将这一切看在眼里,一下子明白了父亲的意图。她一脸坚毅的表情,对父亲坚定地说:"我不会给你我的牛奶!"父亲再次向小猫的食盆看过去……

这支广告可以说是展现牛奶巨大魔力的极致篇。因为喝不到牛奶,打算与宠物猫抢食物,这一构思将"牛奶缺乏"的概念进行了新的诠释,紧扣"享受不容错过"的主题。

"喝牛奶了吗"营销战役第一阶段最主要的任务是对消费者进行有关牛奶品类的整体教育。这一系列广告宣传说教的味道被弱化,更易为广大消费者接受,十分有力地促进了牛奶消费。从广告形式上讲,幽默风趣的形式更能引起观众特别是年轻观众的兴趣,为拓展消费群打下深厚的基础。

"喝牛奶了吗"系列幽默广告,以"牛奶缺乏"作为核心诉求,全面展示了"没有牛奶"的痛苦。幽默的广告在消费群中产生了巨大的反响,牛奶销量也从以往逐年下滑的阴影中走出来。1994年牛奶销量开始有所回升,一年又一年的营销攻势使这一成绩慢慢地稳定下来。

健康诉求引导时尚潮流

时代的发展既为产业提供了更多的发展机会，又使竞争变得更加激烈。美国牛奶产业中的传统产品受到越来越大的冲击。传统的奶制品，包括牛奶、奶酪、酸奶制品发展的空间有限，开发能够抓住消费者新奇消费心理的新型产品更困难，因此必须捕捉到新的消费趋势以便创造市场突破亮点。

当前，食品安全深入人心。调查表明，40%的消费者更加注重食品的健康功能，健康型奶制品大受欢迎。这是奶制品企业需要关注的重点，也是其在未来增加利润的机会。

1999年，牛奶业的营销有了巨大的改变。首先，"喝牛奶了吗"营销机构与另一个著名的牛奶业营销机构"牛奶胡子"达成合作协议，两家机构将两大著名品牌联合使用，从此广告标识与广告语也变成了"喝牛奶了吗/牛奶胡子"，大大提升了传播宣传的力度。

其次，加州委员会针对"喝牛奶了吗"传播策略进行了全新的改变。此前，广告宣传的重点并非强调健康，由于看到了消费者越来越追逐健康的趋势，作为行业的领导者必须迅速改变政策，适应这种潮流。于是，诉求健康成为"喝牛奶了吗"营销战役的重点。

调查发现，如果一个母亲饮用牛奶，她的孩子会比那些母亲不喝牛奶的孩子多喝两倍的牛奶。研究同时发现，25岁至49岁的妇女喝牛奶的唯一原因是为了补钙，以避免年长之后罹患骨骼疾病。

1999年以后，诉求健康的牛奶广告更加幽默且渗透着更多警示的信息。例如《骨骼篇》采用夸张的"恫吓"形式，展示牛奶对于补钙的重要性。

在一个阳光明媚的日子里，一位母亲与两个孩子在厨房里准备吃早餐，他们的老邻居米勒先生正在草地上忙碌地收拾着自己的花圃。母亲让孩子们喝一些牛奶，但是两个孩子早已拿定主意拒绝饮用。儿子一脸不屑地说："喝牛奶？那简直像个小婴儿。"女儿也随声附和。两个孩子试探地问母亲:"我们能不能喝点汽水?"而母亲则耐心地劝导他们:"喝牛奶可以增强体质,有助于成长……"儿子一副满不在乎的神情,指着窗外干活的米勒先生说:"米勒先生这么大岁数了,他从来不喝牛奶!"此时,米勒先生正用力将一辆装满泥土的小推车拉起来,忽然"咔嚓"一声,米勒先生的双臂全折断了!母子三人一阵惊叫,抓起牛奶狂饮……

该系列的另一支广告则继续沿用幽默的路子,对"牛奶缺乏"的主题做进一步的探讨。电视广告片中,一个厨师打算炫耀自己能够吃极辣的哈瓦纳辣椒,不过为了降低辣椒热辣的威力,他还是事先准备好一杯牛奶,打算吃下辣椒后立即饮用。没想到,有人把牛奶偷喝光了。广告片的结尾是厨师嘴里冒出浓烟的特写镜头。

平面传播,锁定更多消费群体

1998年以前,"喝牛奶了吗"营销宣传战役都以电视广告的形式出现,一是因为电视媒体影响的受众非常广,二是因为电视广告采用连续、动态的视频图像,能够向观众传递生动且印象深刻的信息。不过,为了使"喝牛奶了吗"的信息得到更大化的传播,加州委员会正式推出了一个户外广告宣传战役,创造出一个提线木偶"甜饼小怪物"的形象,这个可爱的形象迅速得到了众多消费者的认可。加州委员会在纽约的时代广场购买了户外广告位置,户外广告采用一块体积较大的小甜饼,或是核仁巧克力饼,或是花生酱三明治作为主画面。广告语仍是那句著名的"喝牛奶了吗"。户外广告画面醒目,带给受众以持久的影响,令受众产生购买渴望。

延续了十多年的"喝牛奶了吗"牛奶营销战役,采用的是品类营销的方式,从整体牛奶业出发,对消费者进行教育和引导,这种办法十分有效。

整个行业的营销与单一品牌的营销有很大的不同:单一品牌营销是针对某一品牌,突出品牌差异性,培养消费者的品牌偏好与忠诚度,从竞争者手中抢夺更多的市场份额;全行业营销则通过提高消费者对整个品类的认知和偏好,促进整个品类销量的增长,使生产该品类的所有企业受益。

加州委员会代表着全体加州牛奶生产商与乳品制造商的利益，宣传经费集中了全州的所有牛奶企业的力量，远比一个企业单打独斗地进行品牌宣传更有威力，更见效果。借助品类营销，实际上是向消费者宣传牛奶产品的优势，从宏观上让消费者对于牛奶品类产生更为积极的认识，促使他们购买更多的牛奶制品。这种营销形式带有浓厚的教育色彩，更易被消费者理解为一个公益性的健康教育计划。

联合营销的品牌塑造工程

"喝牛奶了吗"营销战役借助幽默的诉求迅速在消费群里建立起了稳固的忠诚度。连续多年的广告轰炸，也使其他一些行业看到了希望。

一些食品品牌看中了"喝牛奶了吗"的品牌影响力，纷纷与之合作。那些相近的行业（例如食品业等）与牛奶有着天然的搭配关系，更容易促成这种捆绑营销的成功。

加州委员会在与兄弟行业的联合营销中，精心挑选几个特色企业进行合作，体现出了其良苦用心。

首先，它选择著名企业，与其著名品牌进行合作。这些企业都是百年老店，或者说"老字号"。不论是卡夫食品公司下属纳贝斯克的奥利奥品牌，还是通用磨坊食品公司的特里克斯与皮尔斯伯利品牌，都是在众多美国消费者心中占据了特殊地位的著名品牌。联合宣传可以使"喝牛奶了吗"迅速在消费群里产生叠加效应，影响到一部分新的消费者，同时在原有的消费群里再次进行新一轮的宣传攻势。

■ 奥利奥从"诞生"即与牛奶联姻

加州委员会与奥利奥的合作早在1996年就开始了。当时"喝牛奶了吗"的一支广告，给美国观众讲述了奥利奥品牌的来历。

在20世纪40年代美国一家公司的会议室里，总经理正在召开紧急会议，他把高层主管们聚集一起，为即将推出的新款曲奇饼起名字。总经理坐在椅子上焦急地琢磨着；一位下属一边应付着上司，一边忙着向嘴里一块接一块地送曲奇饼。会议无限地延长，总经理始终未听到满意的建议，变得十分焦虑，指定那位下属立即说出备选的品牌名称。此时，那位下属嘴里塞满曲奇饼，而手边杯里的牛奶又喝光了，他只好含糊不清地说："我不知道。"而总经理却听成了"奥利奥"，他非常满意，于是奥利奥品牌就诞生了。

2002年，为达到共同的营销目标与最佳的投资回报，加州委员会与纳贝斯克联手推出了"喝牛奶了吗"广告，将"喝牛奶了吗"的广告语与奥利奥饼干紧密地联系在一起。

这支广告名为《进退两难篇》，幽默地讲述了奥利奥饼干与牛奶相互依赖的关系，而且创意借用了"牛奶缺乏"的诉求点。

两个小兄弟一起坐在厨房里，哥哥一边自我卖弄地表演着如何用奥利奥饼干蘸玻璃杯里的牛奶，一边嘲笑弟弟愚笨。弟弟憋红了脸，也想从一只杯口狭小的茶杯里蘸牛奶，不过几次尝试都失败了。最后弟弟发现，直接把茶杯里的牛奶滴到饼干上，也能达到同样的效果。小家伙举着滴满牛奶的饼干看着一脸诧异的哥哥，露出了胜利的微笑。

到了2004年下半年，加州委员会再次与纳贝斯克联手，纳贝斯克饼干的包装印上了"喝牛奶了吗"的标识。

奥利奥现在不仅仅是一个饼干品牌，更是美国生活方式的一个代表性标识，美国人习惯蘸着冰镇牛奶吃奥利奥曲奇饼，这是两个传统品牌的经典组合。当两个著名的品牌形成合力的时候，品牌的影响力就超越了两个品牌单独传播的力度，并能够在认知度、美誉度、忠诚度、满意度、品牌联想等方面创造更高的附加值。

■ 当特里克斯兔子见到了麦片

1995年3月，美国通用磨坊食品公司的麦片品牌特里克斯出现在"喝牛奶了吗"的广告中。此系列广告于1995年夏季开始在美国一些有线频道播映，有30秒和60秒两个版本。

一名男子走进了一家食品杂货店,他神情紧张地在货架上搜寻,最后找到了一盒特里克斯麦片。结账的时候,店员看到男子递过来的麦片,上下打量了他半天,满脸不屑地奚落男子购买了只有婴儿才吃的麦片。男子抓起麦片,头也不回地跑出食品杂货店。他一口气跑回了公寓,进门后,迅速把门锁上,在碗里倒满了特里克斯麦片。在他准备享用麦片前,先伸手到头顶拉开一个拉链,"唰"的一声,男子的脸被撕成了两半:原来他是特里克斯兔子装扮的!特里克斯兔子急不可耐地抓起牛奶盒往碗里倒,这时他才意识到吃特里克斯麦片的计划又泡汤了,因为牛奶喝完了!

　　特里克斯兔子是特里克斯麦片的代言人,最早于1959年在电视上亮相,以其新奇的装扮博取了孩子和家长的欢心。多年来特里克斯麦片的广告一直沿用特里克斯兔子想方设法吃到自己心爱的特里克斯麦片的创意,使消费者在得到特里克斯麦片的宣传信息之外,平添了更多的愉悦。

　　加州委员会认为,两个重要品牌的联合应该为特里克斯兔子提供更多的创新表现的机会。"喝牛奶了吗"和通用磨坊为特里克斯兔子的传奇增加了一些非传统的因素,添加了一些高科技的特色,使特里克斯兔子想方设法吃麦片的经历变得更加吸引人,其中广告最重要的一环是人变兔子的环节,具有更大的悬念性与喜剧特色。加州委员会也随之推出一系列的联合营销活动。

　　通用磨坊此前并没有为特里克斯麦片找过战略合作伙伴,此次将牛奶和麦片捆绑营销是因为二者与生俱来的联系,而且"喝牛奶了吗"的幽默广告会让加州的家长和孩子们高兴起来。这对特里克斯和"喝牛奶了吗"营销机构绝对是一个双赢的关系。

■ 皮尔斯伯利士兵使牛奶更具魅力

　　2004年8月,皮尔斯伯利品牌代言人皮尔斯伯利士兵与"喝牛奶了吗"的著名标识一同在皮尔斯伯利最新版的广告《俄罗斯家庭篇》里现身。

　　在一个沉闷的冬天的夜晚,圣彼得堡的一个传统俄罗斯家庭的晚餐开始了。他们的食物非常简单,只有稀薄的汤汁。餐桌边一片寂静,大家都静静地啜食自己的那份汤。突然他们听到了皮尔斯伯利士兵的欢笑声。皮尔斯伯利士兵推出一大碟新鲜出炉的巧克力曲奇饼出现在餐桌上，父亲紧锁的眉头舒展了，母亲放下水壶高兴地看着这一切，背景音乐一下子变得欢快起来。每个人都拿起一块热乎乎的、不可抗拒的曲奇饼，大家拥抱着，欢快地在厨房里跳起舞，生活又重新变得美好。突然，庆祝中止了。一脸惊骇的母亲从外面冲进厨房，大声喊道："牛奶……"她手里的牛奶盒空空如也。这时音乐消失了，大家脸上的笑容没有了，嘴里也停止了咀嚼热乎乎的曲奇饼，"牛奶没有了"的恐怖再次笼罩大地。广告以皮尔斯伯利士兵震惊的脸结束。

通用磨坊公司认为与加州委员会结盟是一个绝配。这一广告让消费者联想到热乎乎的刚出炉的"皮尔斯伯利"小甜饼与冰镇牛奶是一个绝好搭配。而且广告里甚至没有提及其他饮料，对牛奶的诉求进行了独一无二的支持。

在多年的推广活动中，"喝牛奶了吗"很好地融入美国的流行文化。"喝牛奶了吗"的品牌资产得到迅速积累，并且具有强大的财产创造力。1995年"喝牛奶了吗"开始在全美开展授权，许多美国热门的消费产品，例如芭比娃娃、Hot Wheels等均加入特许经营的计划。"喝牛奶了吗"的授权产品在全美广受欢迎，也为加州地方财政带来了很好的收益。

"喝酒了吗"、"用樟脑草了吗"等模仿"喝牛奶了吗"的广告语也纷纷出炉。这个著名的广告语成为美国流行文化的标识之一。

你的牛奶胡子在哪里

1999年，对于美国牛奶行业来讲，是非常重要的一年。

加州委员会与美国全国液态奶生产商推广管理委员会最终达成协议，从1999年起，两大机构的著名战役"喝牛奶了吗"和"牛奶胡子"合并。两个全国性战役的合并，使美国牛奶业营销进入一个关键的、令人兴奋的时代。

"牛奶胡子"这个著名广告战役的诞生与《液态奶促销法令》的推行有很大的联系。

《液态奶促销法令》颁布后，在美国农业部的大力支持下，美国全国液态奶生产商推广委员会在全美推动旨在提高牛奶产业的市场地位，巩固市场份额，促进消费者对液态奶产品消费的大型牛奶教育活动。

这个活动即"牛奶生产商牛奶教育计划"，其任务是改变液态奶的市场占有率和消费者对待液态奶的态度，该计划采用了广告、公关、直邮和宣传册等多种宣传形式，对消费者展开宣传攻势。

巧打年轻牌，重塑时尚酷形象

儿童是牛奶的主要消费群。13岁至19岁的青少年开始减少饮用牛奶，更多选用其他的饮料，特别是软饮料。

随着市场的发展，时尚的潮流不断演变，更酷、更前卫的产品应运而生。青少年非常善变，获得他们的忠诚度相当不易。正因为如此，饮料厂商每年绞尽脑汁研发各式饮品，博取青少年的欢心。

相比之下，牛奶生产商的市场动作略显保守。他们大多习惯于投资到新产品开发上，例如推出风味牛奶、加有维生素的营养牛奶、采用喷嘴包装等，广告宣传的重点也是在介绍新产品上面，而在真正影响消费者购买态度的整体营销战略上欠缺系统考虑，加上广告过于陈旧，缺少时代气息，于是，牛奶生产商与乳品企业眼睁睁地看着牛奶销量逐年下滑，任凭市场份额被市场营销运作灵活多变的碳酸饮料、茶饮料等其他饮料产品抢走。

为了吸引年轻消费者的注意，"牛奶胡子"广告从一开始即设定要打动年轻人的目标，通过一个趣味性的创意——喝牛奶后在嘴唇上留下的一撇牛奶胡子，吸引更多的年轻人关注。

"牛奶胡子"战役最主要的任务是赋予牛奶时代感,将牛奶时尚、现代、朝气蓬勃、令人精神振奋的一面展现给年轻消费者。

1998 年,美国全国牛奶生产商管理委员会从加州委员会得到了"喝牛奶了吗"广告语的特许使用权,以后,在"牛奶胡子"的广告里,都会出现"喝牛奶了吗"的广告语。

"牛奶胡子"最终完成了这个任务:这一撇牛奶胡子成为一个时代的标识,也同样成为时尚的徽记。

"牛奶胡子"的平面风暴

"牛奶胡子"广告战役最初的目标受众群确定为 25 岁至 44 岁的女性。这个消费群的特点是,大多面临骨质疏松的危险;她们是最大的停止饮用牛奶的群体;这一年龄段的女性消费者是家庭的采购者,能够被脱脂奶的好处打动。

1996 年和 1997 年,"牛奶胡子"广告战役锁定的目标人群进一步扩大,涵盖了 25 岁至 49 岁的妇女、13 岁至 18 岁的女孩和大学生。

广告战役最初定位在"牛奶是对成年人有益的一种健康饮料"上。

广告战役通过名人、模特和体育明星参与的"牛奶胡子"广告,强调了脱脂奶的优点。当时的广告语是:"牛奶,多么惊奇的东西!"在广告推出的第一年,广告语即改变为"你的牛奶胡子在哪里"。

为了获得更大的影响、高曝光度及最大的信息关联,以及确保宣传计划的连续执行,

"牛奶胡子"选用杂志广告的形式。广告以知名人士为主角,既能够提高关注度,也能够迅速增加消费者对品牌的感觉,每一个主题都突出了宣传活动的标识——牛奶胡子,并勾勒出饮用牛奶后的喜悦心情。迄今为止,已有几百个名人和体育界明星出现在广告宣传活动中,讲述有关牛奶令人惊奇的事情。

平面诉求,给年轻人一个回味的空间

"牛奶胡子"广告吸引了全美各位明星大腕儿加盟,因为名人的参与,"牛奶胡子"已蔚然成为一种时尚。"牛奶胡子"广告朴实且极具时尚特色,不同行业的名人都有尽显其风采的机会。

1997年,猫王模仿秀的佼佼者再一次成为公众的焦点,几个最佳"猫王模仿者"在广告里尽情歌唱,嘴边的牛奶胡子引人注目。广告文案写道:"牛奶,是一个天然的饮品,里面含有钙。我们每天喝三杯冰牛奶,因为没有强壮的骨盆,就无法承受这样高强度的表演。"

1998年,后街男孩出现在"牛奶胡子"广告里。文案写道:"喝牛奶让我们比获得歌曲排行榜第一名收获更多。每个人身高的15%是在青少年时期长成的。喝牛奶使我们获得了许多骨骼生长时期所需的钙。你看到我们长得高大挺拔,觉得怎么样?喝牛奶了吗?"

2003年,中国著名影星章子怡成为"牛奶胡子"的代言人。她以一袭天蓝色的绣着龙纹图案的练功服出场,一记漂亮的亮相,将牛奶杯击碎,牛奶四溅。广告文案道:"牛奶内含有人每天所需的9种营养。"

由于众多名人、明星都对牛奶教育计划给予了热心支持,年轻的消费者更是跟从名人效应,对"牛奶胡子"活动给予了极大的关注。

最初,"牛奶胡子"的广告选用多种杂志刊登彩页广告,以迅速提高知名度。在1995年它选用了50种刊物,1996年增加到了100种。同时,许多出版物免费为"牛奶胡子"的宣传广告提供了特别展示的机会。例如,《人物》杂志上推出了一个有关名人饮食与健身的50页的增刊;《美好家园》推出96页的《牛奶食谱》;麦片公司也同期推出广告,宣传牛奶

与麦片同食的好处；《生活》杂志举办了"牛奶胡子摄影比赛"……户外广告和交通工具广告也陆续推出，一些精选的广告甚至刊登在教科书或课余读物等学校用书的封面上。

另外，这些宣传活动变成一种流行文化。诸如《杰瑞·列农》、《大卫·莱特曼》和《星期六晚间直播》等热门的、幽默风趣的电视模仿节目纷纷推出"牛奶胡子"的模仿秀。

广告战打响的最初两年，牛奶的销量增长1.1%，低脂/脱脂牛奶销量提高7%。这表明，广告成功地将牛奶塑造成健康产品。

"牛奶胡子"宣传战役将名人、明星整合成一个大而简单的平面广告，这些广告通过免费的传播途径出现在杂志和户外广告牌上。而"喝牛奶了吗"系列电视广告诡异、离奇，正是这些令人记忆深刻的电视广告引发了消费者的热情。除了电视、平面和户外广告之外，其他营销形式也表现不错，零售渠道的促销、学校的营养教育计划、食品行业的营销活动都非常有效。目前，著名的"喝牛奶了吗/牛奶胡子"营销广告战役依然在美国全国火热展开。

"什么也没有"保证什么也没有

—— Aquafina 瓶装水整合营销战役

近年来,在美国饮料市场中,碳酸饮料一直占据着一半的份额。与此同时,茶饮料、水饮料的份额也在不断攀升。

饮料厂商都希望在夏季的销售旺季中抢占更多的市场份额,谋取更多的营业利润,因此各式各样的营销策略层出不穷。美国夏季饮料大战的主角不单单是可乐类饮品,几家较大的食品饮料制造商的水饮料也堂而皇之地粉墨登场。夏季饮品最火暴的阵地战就此拉开序幕。

在水饮料中名列第一的美国 Perrier 集团一直在寻找机会巩固、扩大近几年的辉煌战果,其两个主要品牌产品的销量分别增加了 29% 和 50%。

Perrier 公司推出的"回归大自然"游览国家公园的抽奖活动,使消费者有机会获得为期四天的游览六大国家公园的奖励。这次广告宣传活动分别以广播广告、售点广告等形式推出。Perrier 公司的五个品牌都参加了抽奖活动,每一个品牌都提供了去某个国家公园旅游的机会。

达能集团的依云牌矿泉水也推出了第一支电视广告,以度过低潮期。依云过去借助可口可乐的分销渠道,但是由于可口可乐正在重点进行 Dasani 瓶装水的推广,所以依云不得不忍受着销售的压力。

在百事可乐公司与可口可乐公司的双重夹击下,达能集团的水产品的市场份额已经降到了第二的位置。

市场上的竞争始终激烈异常,百事可乐公司计划扩大自己的媒体预算,以着力扶持此品类的领导品牌 Aquafina。可口可乐公司看到水饮料市场逐渐上升的利润,也于 1999 年推出了 Dasani 瓶装水,紧紧跟随着 Aquafina 一起进入瓶装水市场。在可口可乐与百事可乐焦急地观察水饮料市场能否成为时尚流行领域的时候,其他品牌也得到极大的发展,如 Perrier 公司的 Poland Spring 等瓶装水品牌纷纷建立起自己的领地。

与一些小品牌利用泉水资源的情况不同,Dasani 和 Aquafina 基本上都是重新净化的自来水。可口可乐为 Dasani 的定位是健康和家庭生活和谐,其广告战役的核心是全力塑造更多的个性、更强的内涵和更广泛的市场拓展。

可口可乐公司为 Dasani 量身订制了情感诉求主题为"善待自己每一天"的广告宣传战役。广告表现的是人们在日常生活中所从事的一些普通活动,例如滑旱冰、推着婴儿车散步,其中一个必不可少的镜头就是人们手里都拿着 Dasani 瓶装水。广告的背景音乐选取 20 世纪 70 年代的感人的爵士乐,音乐与广告主题相辅相成,使广告信息得以全面传递。

百事公司也在精心谋划,希望为 Aquafina 瓶装水寻找一个独特的市场切入点。

寻找全新卖点

百事公司经过认真的调研,决定将 Aquafina 宣传战役的核心定位在消费者真正的需求上面。通过调查百事公司发现,瓶装水的质量是消费者最关心的问题,人们希望瓶装水的水质就像广告中所承诺的那么纯净,没有任何杂质。百事公司最终确定宣传的主题是,Aquafina 的水质真正纯净,消费者饮用时,将始终得到纯净、清新和神清气爽的体验。

Aquafina 的核心消费者是年轻人。不过对于活泼的年轻人,纯净的特色似乎缺乏诱惑。特别是在炎热的夏季,他们会变得懒散,思维也迟缓了许多。仅仅靠清新与提神的水饮料,并不能鼓动起年轻人的激情,他们需要通过神清气爽的饮料,重新恢复活力,感受新奇带来的全新快感。这正是百事公司发掘的卖点。

确定最佳的宣传平台

百事公司在构想整个策略的时候,确定将"什么也没有"作为核心理念。但是必须在"纯净得什么也没有"里面增添某种特殊的"味道",才能真正满足目标消费群的需求。

经过营销与媒体策略的评估,百事公司决定将"娱乐与时尚"作为特色添加剂中的主剂,而最终的"加工与制造商"选定了E!娱乐电视网。

Aquafina夏季攻势中重要的步骤之一是选择一个高效率且渗透力强的宣传平台,有线电视网是不二之选。

E!娱乐电视网是一个十分热门的娱乐新闻电视网,它的节目包括娱乐大奖活动的全方位报道、炙手可热的明星独家采访等,同时每天播放大量最新的娱乐新闻。目前观众对名人、明星新闻与逸事的关注度越来越高,恰恰Aquafina的目标消费群——18岁至49岁的观众——更是其中最忠诚的观众。

E!公司下设的网站也是重要的娱乐新闻和明星内幕秘闻的集散地,而且网站内设置的频道与电视网紧密相关。最新、最酷的娱乐资讯正好满足年轻人追逐时尚与猎奇的心理。

E!娱乐电视网的节目特色,使之成为一个强大的聚集名人、明星的媒体品牌,也使Aquafina希望传递的神清气爽的特色,准确无误地传递给受众。这样使品牌在最短的时间,通过最有效的媒体层面与目标消费群进行最亲密的接触。

多重复合传播战略

E!娱乐电视网确实为Aquafina提供了一个最佳的表演舞台,为它提供了更多的创造性和冲击力,也提供了一个多重曝光的可能。

该电视网特别为Aquafina品牌制订了一个个性化的夏季营销计划,不仅充分利用自己节目编排的优势,还将姊妹电视台——时尚电视台与互联网的互动营销的优势充分融入整体媒体策略之中。时尚电视台加入营销阵营具有十分积极的意义,它的受众定位是高层次女性消费者群体,可以使 Aquafina 的品牌延伸至更广泛的消费者层面。

　　Aquafina 的系列广告最终选定由当红的女演员丽莎·库德罗配音。丽莎·库德罗是美国热门电视剧《老友记》的主演之一,在年轻人中人气很高,她活泼可爱、随和的性格,对传递"有时候,最快乐的事"就是"什么也没有"的主题十分契合。

　　广告的内容围绕着主题广告语"我们保证什么也没有",背景十分质朴,在雪白洁净的背景前,Aquafina 的饮料瓶落入水池中,水花四溅。库德罗女士调侃地讲述着一系列场景,如"盼望很久的提神瓶装水,没有嘶嘶响的气泡,没有特殊味道,没有水果味,也没有水母……"。广告语是:"Aquafina 就是这样纯净,我们保证什么也没有。"纯净是 Aquafina 品牌的核心,也是人们选择并消费瓶装水的至关重要的原因。

特色栏目赞助

　　为 Aquafina 品牌贴上恰当的"时尚、娱乐"的标签,是使广告信息深入消费者心中且产生积极效果的关键。赞助系列节目《热浪》是其中十分重要的环节,也是所有 Aquafina 品牌成功推广的决定性因素之一。《热浪》

是 E! 娱乐电视网夏季推出的大型娱乐系列节目，内容多是介绍最新电影大片及明星的相关新闻，以及最近上演的音乐会、热门 CD 和 DVD 等。

《热浪》的赞助活动确实为 Aquafina 品牌加足了"时尚潮流"的调味剂，对 Aquafina 的上市提供了强有力的支持。在这个独具特色的节目板块中，Aquafina 清新爽快的创意思想得以充分的展示，信息传递恰如其分，广告更具有影响力和冲击力。

巧借事件营销

Aquafina 的系列广告攻势一直缺少能引起年轻消费者广泛关注的大事件。

美国第 74 届奥斯卡颁奖晚会成为此次宣传战役的最大亮点。借助奥斯卡这一全球瞩目的娱乐事件，Aquafina 品牌与年轻消费者——时尚潮流的追寻者——之间再次零距离接触，Aquafina 的幽默再次博得他们的欢心。

Aquafina 特别为美国第 74 届奥斯卡颁奖晚会精心制作了一版全新的电视广告。这支名为《感谢奥斯卡篇》的广告，以幽默的语言为观众娓娓道出了他们未曾预想到的境遇，片中金碧辉煌的奥斯卡颁奖晚会与像瀑布一样倾泻下来的泉水相映成趣。富有魅力的画外音解释道："这是好莱坞的一个令人瞩目的夜晚。一些明星将与自己雇来的英俊健壮的男士一同到场，一些明星将与经纪人雇来的男士一同到场，但是大多数明星将无功而返，'什么也没有'。Aquafina 瓶装水绝对什么也没有。"

Aquafina 将这样残酷的情境形容为"什么也没有"，同时将一种观众未能感知的世态炎凉艺术性地转化成激励人们振奋的精神，使人重新恢复活力，当然这些事情是享用 Aquafina 瓶装水得到的。

线上与线下联合攻势

E! 娱乐电视网另外为 Aquafina 品牌提供了一个强大的在线宣传的机会，组织了一个名为"名人夏季休假，什么也不做"的夏季抽奖活动，活动的命名将 Aquafina 的广告语巧妙地嵌入其中。获奖者将享受名人的礼遇：享受美酒佳肴，尽享欢乐。

E！娱乐电视网为此次抽奖活动下了一番工夫，通过电视广告的宣传敦促观众访问 E！网站并注册参赛。E！网站同时为 Aquafina 提供相应的广告单元，对该品牌的目标受众群产生更大的影响。例如在 E！网站的主页上安置了广告，同时投放到"名人出行"的频道里。"名人出行"频道以即时报道名人休闲、娱乐信息的特色，在追星族中颇具影响。

E！娱乐电视网所设立的跨媒体营销确实有效，E！娱乐电视网的观众和 E！网站的用户之间建立起密切的链接。

主题"什么也不做"的抽奖活动，也使 Aquafina 品牌受益匪浅。促销推广活动使宣传战役的主题在电视广告与地面推广中得以始终如一地传播与扩展，创意思想被完整地表现出来。

整合地面宣传

为了进一步、深层次地发挥复合媒体平台的优势与攻势力量，E！娱乐电视网同时为 Aquafina 提供了一个新曝光点——一次特别的夏季音乐会活动，邀请顶级的摇滚乐歌手参加演出。音乐会录制后，在电视网多次重播，这样也给了 Aquafina 更多的曝光机会。音乐会上精心放置了一些 Aquafina 的标识，同时进行产品植入式广告宣传（Aquafina 瓶装水是音乐会上独家水饮料赞助商），使观众在饮用 Aquafina 瓶装水的同时，感受 Aquafina 品牌整体的魅力，有助于品牌形象的塑造。

这个整合战略思路将宣传重点串联在一起。E！娱乐电视网的多重媒体平台之间的相互作用与影响，赋予了 Aquafina 品牌多样化的曝光机会，同时更多地引导了受众。

宣传策略整合了《热浪》插播娱乐新闻的赞助活动、美国第 74 届奥斯卡颁奖晚会广告投放、在线的抽奖活动和音乐会赞助及植入式广告，所有这些都为 Aquafina 品牌形成了强有力的推广攻势，突显了"什么也没有"的主题。

"红色代码"就是"病毒"
——"红色代码"饮料病毒式营销案例

"红色代码"是激浪品牌（Mountain Dew）推出的一款软饮料。激浪是百事公司旗下主要的碳酸饮料品牌之一，一贯坚持年轻化的定位，赢得了众多美国年轻消费者的青睐。近年来品牌传播沿用时尚与前卫的宣传定位，多个大型营销传播战役均清晰地表现出此诉求。不论是极限运动还是野外探险等场景，无一不展现年轻人活力四射、叛逆、无拘无束的特点。激浪品牌让年轻人实现了尽情释放无限激情的愿望。

百事公司与老对手可口可乐公司之间的竞争从未间断，一直如火如荼。百事公司推出百事轻柠，可口可乐公司则推出柠檬口味的健怡可乐；百事公司推出了Aquafina瓶装水，可口可乐公司的Dasani瓶装水也同期上市。

不过按照饮料业专家的观点，最近美国碳酸软饮料品牌的增长并不正常。像可口可乐公司与百事公司这样的饮料巨头一度过多地宣传核心品牌，在新产品开发方面则有些懈怠。

然而规模小一些的饮料商紧紧抓住相对宽松的市场空间，任意发挥想象，大力研制更具针对性的饮料新品，Snapple品牌就是一个很好的例子。近年来它连续推出以卡通水果形象为主角的平面与电视广告，以其生动、活泼、幽默的诉求，在儿童受众中产生了很好的影响。两巨头虽决心收回失陷的领地，但均因没有下大力气开发强势新品，一直未产生积极的效果。业内分析师说，百事公司的"红色代码"就是在这一背景下上市的，它的上市掀起了软饮料类别中新一轮的产品发展高潮。

"红色代码"诞生记

2001年美国碳酸饮料公司的业绩都表现平平甚至有所下降。为了改变这一状况,百事公司决定让三年未出新品的激浪增加子品牌,以提高整个品牌的活力。新饮料的加入不仅能够刺激消费者重燃对碳酸饮料逐渐丧失的热情,同时也将帮助百事品牌进入重要的城市市场。

樱桃口味的"红色代码"应运而生,它以大众市场的年轻消费者作为核心受众群。百事公司努力通过有效的宣传战役,在更广泛的受众群中争取消费者。

"红色代码"的上市面临的突出问题是时间紧、任务重。诚然任何一种新产品的诞生绝非易事。

首先,"红色代码"从包装定位到命名,都引发了很大争议。

百事公司的蓝色包装具有极强的时尚感,深受消费者的喜爱,激浪的营销队伍则提出了红色包装的备用方案,几经反复,百事公司最终确定采用红色包装。之后,"红色代码"的命名又大费周章,营销团队一度陷入进退两难的局面,谁也不喜欢这个名字,主要原因是谁都弄不清楚它是什么意思。而且通过定量调研发现,"红色代码"一点也不突出,于是被列为候选名称的最后一个。一些人建议放弃它,他们认为这个名字缺少调动消费者兴趣的锋芒,在推广时十分困难。营销团队的负责人后来说,他们有一种预感,觉得消费者会喜欢它,于是决定启用"红色代码"。

"红色代码"的上市宣传打破了许多原则,宣传策略也再一次颠覆传统。

策动"病毒"战役

推广饮料新品传统的做法是,依靠高频次、高密度的广告轰炸,迅速建立起知名度,再进行店铺促销。

百事公司与众多营销伙伴磋商,希望找到一个新颖的方式,以避免传统的、毫无新意的广告轰炸战术，最终确定的整体策略定位是让消费者自己去发现"红色代码"。实质上，百事公司使用了针对年轻消费者最有效的病毒式营销方式，这种策略其实比动辄投入数百万、上千万做广告的效果还要好。

策略的核心是，寻找一群乐意且勇于创新的年轻人，先吸引他们的注意。这群年轻人的身边往往聚集着一群伙伴，他们愿意将最新发现的新潮信息与大家分享。这样一传十、十传百，借助强大的口碑传播的力量，"红色代码"肯定像真正的病毒那样迅速传播，为年轻人所津津乐道。吸引这些潮流引领者的营销策略就是推出一场街区宣传战役，为他们提供一些免费赠品，同时在食品杂货店里提供大量的一次性包装赠品进行派发，直到引起这些年轻人的注意，之后再配合推出大型营销战役。

全方位立体渗透

病毒营销的特色是针对目标消费者进行多方位的立体渗透，派发与赠送样品只是其中的一个环节，重要的是吸引更多的年轻人关注并参与进来。

激浪动用其拥有赞助权的一些赛事，将"红色代码"的宣传加入其中。

首先百事公司向ESPN冬季极限运动会的运动员赠送了"红色代码"饮料。为了吸引观众的注意，还现场邀请部分观众举办一场聚会。紧接着为NCAA美国大学男子篮球联赛决赛的运动员派送免费的"红色代码"饮料。赛场附近的大型购物中心也同时进行了"红色代码"赠品的派发活动。在这些年轻人聚集的赛场进行的推广活动，吸引了许多年轻受众的注意。

下一步的网上战役，旨在吸引更多年轻消费者的注意，聚敛更多的人气。营销队伍专门编制了《"红色代码"任务》，这是一款城市主题的冒险互动游戏。游戏要求参与游戏者必须在穿越城市的高速赛车中，追回一批被劫持的"红色代码"饮料。积分最高的前1000名参与者，将得到一定数量的"红色代码"饮料作为奖品；前500名同时获赠T恤衫以及帽子等奖品。这个游戏令"红色代码"名声大噪，众多游戏者纷纷切磋技艺，掀起了一股游戏技艺大比拼的热潮。

活动推出的前4个星期，"红色代码"的网站就有一百多万的点击率。整个新品上市活动成为百事公司此前10年中最成功的上市活动之一。《"红色代码"任务》游戏为其后的宣传活动打下了坚实的基础，也成为营销策略中重要的一环。

另外，百事公司还在亚特兰大、芝加哥和纽约购买了6000多块户外广告牌；在纽约时代广场的巨幅路牌上，"破解代码"的广告语格外醒目。同时，也在针对少数民族消费群的出版物上投放了平面广告。

营销队伍同时为一些繁华地段的夜总会提供了饮料赠品和3万张明信片，此外还精心挑选了4000名体育权威人士、音乐制作人和主持人，赠送免费饮料。

深耕草根受众群

"红色代码"产品最初只推出20盎司和1升两种包装，正式面市之后，迅速被一抢而光。营销负责人说，有些时候，消费者进了商店，却找不到"红色代码"。

在整个活动中，激浪品牌行之有效的营销方案全都移植给"红色代码"，继续产生着积极的效果。

"激浪私营广播站"作为一个重要的策略，也加入了"红色代码"的宣传计划。"激浪私营广播站"实际上是安装了低频率广播设备的流动宣传车，广播可以覆盖一英里的范围。广播站多播放当地知名的音乐人的作品以提高受众的关注度，人们可以登录激浪的网站，了解到何时何地能够收听到广播站的音乐节目。

宣传车通常挑选百事品牌主要目标市场范围内的学校、公园、篮球场、社区等地方进行推广活动。由著名音乐主持人组织相关的现场活动，例如知识竞赛等，并现场派发赠品。深入年轻人经常光顾的地方，易于与他们产生一种情感的链接，品牌也会在他们中间创造出个性化的形象。

流动广播站的另一目的是，强化对品牌宣传力度较低地区的宣传，让未曾看到过或未曾尝试过的青少年消费者了解产品，并鼓励他们购买。

"激浪私营广播站"在美国国内15个市场开展了相关的活动。

另外，"红色代码"的营销队伍同时还出现在153个大型购物中心，在144个城市影响到了1.44亿的消费者。这项活动共持续了6个星期。

整个营销计划涉及体育赞助、网上游戏、平面、户外等，各种形式的活动有条不紊地同时铺开。许多活动看似很小，但各个层面都要顾及，必须从所有接触点对年轻的消费者进行影响，才能引起他们的注意。百事公司的营销团队认为，几个星期的宣传之后，"红色代码"所取得的品牌知名度，与投入上千万的广告战的推动活动所取得的效果差不多。

一个插曲

2001年7月，出现了一种攻击微软网络服务器的新病毒。美国数据安全公司的一名研究员全力破解这一病毒，疲惫之中，他抓起桌边的饮料痛饮，清新的感觉让他精神大振。病毒破解了，研究员举起饮料瓶，看着上面的品牌名称兴奋地说道："这个病毒就叫'红色代码'吧。"

这个意想不到的新闻带来的是饮料销量的下滑，对此百事公司迅速做出反应，因势利导，投放电视广告，很快消除了负面影响，使销量回升。

"红色代码"此时投放的电视广告也采取了非正统的路线,广告讲的是NBA明星克里斯·韦伯和特雷西·麦克格雷迪参加比赛时行为异常的故事。

通过上述一系列的营销,"红色代码"创造出了前所未有的佳绩:第一年销售量就达到1亿听。

将生活颠覆到底

——莫尔森啤酒美国策略转型案例

美国的啤酒消费量一直排在世界首位。在美国市场，除了占据主要市场份额的百威、米勒等啤酒外，外国啤酒品牌多达400种，美国本土的啤酒品牌也达数百种。

全球酒精饮料销量一直呈上升的趋势，但是，占酒精饮料市场份额最大的啤酒的全球销量却出现下降趋势。与此同时，葡萄酒和烈酒的厂商也加大了广告宣传，啤酒居于主导的市场份额被逐渐蚕食。

美国几大老牌啤酒厂商在每年的销售旺季开始的宣传大战，似乎已经成为人们一年一度不容错过的精神大餐之一。百威啤酒素以不断推出幽默、风趣的电视广告著称，多年来，它推出了一个又一个动物明星代言的广告。可爱的动物对百威啤酒情有独钟，广告频频爆出它们意料之外、情理之中的上佳表演，使百威赢得了更多消费者的心。米勒公司不甘落后，每年抛出搞笑与出位的大制作广告，营销策略花样翻新，全力提升米勒啤酒不佳的业绩。

啤酒是大众的饮品，大众传播是其最重要的宣传手段，电视广告因其在受众中无坚不摧的渗透力，成为各大啤酒厂商的首选。只要有足够的费用，借助电视的力量塑造啤酒品牌并非一件很难的事情。

首先，消费者对于啤酒的喜爱在很大程度上来自于对品牌的喜好，强大的品牌形象更容易在消费群中得到认同；其次，足够多的广告宣传费，充分的广告时间、高频次、高密度、长时间的曝光，是让消费者在过于拥挤的"心"中为品牌保留暂时立锥之地的必要条件，特别是年轻消费者更是时隔不久即进行一场"清仓大扫除"，排除过时的信息，抓住他们的心实属不易。

适时发动"年轻受众伏击战"

莫尔森（Molson）公司堪称加拿大最古老的家族企业，其总部位于加拿大的蒙特利尔。莫尔森家族的啤酒酿造史始于1786年，比加拿大的历史还长81年（加拿大于1867年建国）。当时，19岁的英国移民约翰·莫尔森购买了圣劳伦斯河岸的一个啤酒作坊的股份。到了20世纪60年代，莫尔森公司已成为加拿大啤酒市场上无可争议的第一大啤酒企业。

莫尔森啤酒在美国市场上的销售业绩一直不错。特别是莫尔森的冰啤酒一度在美国畅销。但是消费趋势的改变，迫使莫尔森公司不得不仔细考虑在美国市场的生存问题。

实际上莫尔森在美国分销渠道遇到了更大的问题。以前，莫尔森啤酒一直由米勒酿酒公司分销。后来，米勒公司撤销莫尔森的专设营销队伍，并将莫尔森啤酒与米勒啤酒一同销售，造成莫尔森啤酒连续几年销售量下滑。

2001年，莫尔森公司最终让战略伙伴库尔斯酿酒公司接手莫尔森在美国的分销业务，库尔斯酿酒公司为莫尔森设立了独立的办事处。与此同时，莫尔森更换了整体宣传策略，重新打造莫尔森品牌在美国消费者心中的形象，此后莫尔森品牌扭转了在美国下滑的销售趋势，销量开始稳步上升。

莫尔森美国公司在重新部署渠道后，决定重塑品牌形象，并将广告宣传作为莫尔森重新杀入市场的先锋。

此时，由于人们对于低糖饮食的关注，美国啤酒消费的整体情况已不容乐观；来自烈酒和葡萄酒的竞争愈演愈烈，也使啤酒的销量受到巨大打击。

烈酒和葡萄酒的销量增加，不仅得益于美国市场上不断推出的新产品和席卷全美的鸡尾酒文化，而且得益于它们迷人的广告攻势和全面铺货的力度。

人们对低糖饮食的关注不仅对整个啤酒市场产生不利影响，而且新的低糖酒厂大量涌现,加入蚕食啤酒市场份额的行列。

莫尔森的旗舰品牌是莫尔森金牌啤酒,该啤酒一直是美国"婴儿潮"一代(20世纪40—60年代出生的人)的宠儿。不过他们逐渐变老,口味也逐渐由大众化的啤酒慢慢转向价格更高、品味更高的酒精饮品,譬如葡萄酒和高度酒等。故此,业内分析师也认为,啤酒对于年青一代来说,已经丧失了"性感"和"吸引力"。

作为久经沙场的巨贾,莫尔森感到巨大的压力。年轻的消费者是啤酒产品的核心消费群,莫尔森虽然对品牌啤酒的品质深信不疑,但是只有与年轻受众建立起一个畅通的沟通渠道,才能让他们重新认识莫尔森啤酒,并使莫尔森啤酒成为他们的首选啤酒。

为此,莫尔森决定启动全新的品牌形象塑造宣营销战役,将这些不好揣摩的年轻人设定为核心受众。不过,莫尔森金牌啤酒作为父辈的啤酒,显然不适合21岁至24岁的年轻受众群。于是莫尔森公司决定以该公司品牌影响力最弱的莫尔森加拿大牌啤酒作为主打产品。

莫尔森准备给年轻人奉上一个巨大的惊喜,当然,年轻的消费者也没有辜负它的苦心。

在整个营销战役实施之后,莫尔森加拿大牌啤酒最终从美国进口啤酒的第7位攀升至第3位,它采取的最主要的策略是对年轻受众进行战略性的全面"策反"。

莫尔森的宣言深深地吸引了美国的年轻消费者:"喝酒只是喝酒,别把喝酒当回事!"

颠覆生活,与年轻的心共舞

啤酒广告通常为消费者营造一幅美好的画卷:

朋友们聚在一起畅饮啤酒,豪情万丈——啤酒是一种增进友情的调和剂;

同事们经过地狱般艰辛的工作之后,痛饮啤酒——啤酒是一个分享快乐的最佳"伴侣";

莫尔森酿酒公司却说:"喝酒只是喝酒,千万别把喝酒当回事!"

啤酒品牌往往带给人们一个美好的愿景:友情能在愉快的氛围中得到升华。然而,已经有太多的酒类广告选择这类情感诉求,受众看到太多美好的景象,已经变得麻木了。

莫尔森加拿大牌啤酒重新设立了市场策略,以一种玩世不恭的方式,发动了一场品牌风暴。在制定策略之初,莫尔森对目标受众的心理、职业、年龄、习惯等特征进行了细致的分析,对广告信息、媒体选择、广告目标等方面进行了整体规划。

莫尔森啤酒的广告战役颠覆性地诠释了喝酒的乐趣:喝酒就是喝酒,只是随时随地享受的一个小乐趣。喝酒只是找个乐子,千万别把喝酒当回事。

莫尔森啤酒为了迅速启动市场,推出一个新产品:莫尔森加拿大双酒标啤酒,这实际上是一个与消费者进行互动的游戏。普通的啤酒瓶上只有一个酒标,而这个所谓的莫尔森新款产品有两个酒标:主酒标是真正的酒标,依然以红色为底色;副酒标从中间一分为二,上面是一个幽默、诙谐的短句,下面是一幅可爱的小插图。每瓶酒的副酒标采用各不相同的幽默句子,例如,有的副酒标上写着"看到我的鞋,你肯定不会忘了它",有的写"哎唷!你感到被'电'着了吗",有的写"瘦得皮包骨的浸染工也是人"……下面的配图,或是一棵奇怪的大树,或是一匹可爱的马……总之图文搭配相得益彰。

整个宣传战役命名为"听莫尔森啤酒畅所欲言";传播媒体选用了电视,以便迅速在消费群里传播,吸引更多的受众参加这个有趣的活动;广告内容刻意嘲讽那种认为啤酒代表某种生活方式的想法。

在一支广告片中,一位女士告诉她的女伴,自己偶遇一名男子,完全被他迷住了。她解释说，那名男子一直在喝莫尔森啤酒，所以认定他一定老于世故、久历江湖。

高级阶层享用高档商品，这应该是固定的生活模式。莫尔森啤酒为消费者设定好了一个很好的诉求方向，它是在美国生产的著名洋啤酒，是一种高档商品。片中那个男子喝莫尔森啤酒，所以才会被认为是个"老江湖"（其实，他说不定是一个高等学府不谙世故的老学究呢）。莫尔森加拿大双酒标啤酒的受众定位在年轻的消费者，广告劝诫年轻人抛弃从其他啤酒品牌那里继承的所谓阶层的光环，只要记住，喝酒就是找乐子！双酒标啤酒就是个乐子。

这个逆向的策略将影响力最弱的莫尔森加拿大牌啤酒，打造成为时尚青年的挚爱。

电视广告在波士顿、克里夫兰、底特律、布法罗、纽约和费城等14个城市同时播出，年轻人立即对这个"乐子"产生了浓厚的兴趣，市场反应十分热烈。消费者买了第一瓶莫尔森啤酒，看到了趣味酒标，觉得很有意思，就会去买第二瓶、第三瓶……莫尔森啤酒给了消费者一个寻找快乐的理由，啤酒不再贩卖一种生活方式，而是贩卖一个找乐游戏。

传播的力量，使趣味更时尚化

莫尔森啤酒的营销战役，在终端小试牛刀之后才全面铺开。

双酒标啤酒先在几个酒吧进行了试销。公司的营销人员让侍应生随便在几个酒瓶上贴上趣味酒标，直接卖给顾客。顾客读后通常开怀大笑，与大家一起分享，然后指定再要这种啤酒，继续享受下一段快乐时光。

在笑声中，消费者的消费习惯发生了改变。莫尔森啤酒将无限的乐趣作为与消费者的持续接触点，逐渐使消费者对莫尔森品牌产生了新的认识。

宣传战役的成功之处在于，它发动了一场"人民战争"，调动起了啤酒迷的热情。啤酒迷开始将身边所见所闻的逸事奇闻，用电子邮件发给莫尔森公司。于是一个个幽默的故事变成箴语出现在莫尔森啤酒的酒瓶上。

这个宣传战役引起了人们的热烈讨论，产生了预期的效果。甚至有消费者给莫尔森公司写信，讲述与家人边看电视、边喝莫尔森啤酒的情形，莫尔森的趣味酒标成为他们一整天的开心调料。

在此期间，电视广告起到了强大的渲染作用，推波助澜，使这个互动游戏更加深入人心。年轻受众对这样的趣事投入了更大的热情。

回归传统，重塑生活形态品牌

啤酒是一个受品牌形象驱动的品类。莫尔森啤酒通过电视广告宣传和互动游戏已经在受众心里得到应有的位置与好感。

但是，莫尔森公司知道，啤酒的宣传终究要回到生活方式营销的老路上来。啤酒品牌通常贩卖一个好心情，一种享受。莫尔森品牌当然也不例外：通过强大的传播攻势，已经向消费者充分展示了莫尔森品牌的吸引力与魅力。

之后，莫尔森品牌发动的印刷媒体的宣传策略与促销推广，向回归传统跨出了一大步。莫尔森以幽默的方式打开市场，有效地吸引了更多的消费者加盟莫尔森品牌的阵营，跟进的策略针对男女受众群进行了不同的定位。

平面广告战役分别选用男性与女性热门杂志，与消费者再次进行全面的接触。女性杂志选择了《大都会》等时尚杂志，刊登的广告表现的是一个富有魅力的健壮男子，脸上洋溢着自信的微笑，双眼饱含深情，怀抱两只小狗，手里拿着一瓶莫尔森啤酒。莫尔森希望女性消费者了解到：喝莫尔森啤酒的男性永远充满自信，懂得享受快乐生活。男性杂志则选用《花花公子》等，莫尔森希望男性消费者明白，女性同样对莫尔森品牌情有独钟，喝莫尔森啤酒的男人，在女性眼里更具魅力，而男性的自信源自女性的认可。

产品的品质是根本。莫尔森的营销策略很重要的一点是让消费者感悟其产品所拥有的卓越品质。

莫尔森对产品的品质进行了大力宣传，宣传的重点是莫尔森为消费者所做的努力。莫尔森在批发商店、大零售商店、夜总会和超级市场里推出了大桶装的莫尔森啤酒,可供家庭整个周末的消遣之用。与此同时,莫尔森推出一个名为"莫尔森:火暴海滩"的海滩主题大聚会,吸引大批人参与。此外莫尔森公司策划了一系列线下活动,与消费者进行全面沟通。

莫尔森啤酒的成功之处在于精确捕捉到目标受众的猎奇心理,大大增加消费者对于莫尔森品牌的了解,提高了营销的针对性,为准确的定位奠定了基础。其广告在实现品牌的定位中起到了重要的作用,有效地与受众建立了顺畅的沟通。

莫尔森啤酒采用将生活颠覆到底的策略,以终端为起点局部引爆市场,之后再借助电视广告的强势攻击力全面灌输新理念,使一个品牌以娱乐化的包装重新被消费者认可。最终在空中、地面的双重营销的轰炸之下,莫尔森重新抢回了原属于自己的市场领地。

突破活力底线
——麦可洛超级淡啤酒上市案例

炎热的夏季一到，饮料业又迎来了新一轮的销售旺季，激烈的营销大战再度上演。啤酒其实也是一种清凉解暑的饮料，啤酒酿造公司当然不会错过暑期的热销季。

各品牌啤酒或基于产地的优势，或基于主品牌强大的推广力度，均吸引了相应的消费群。然而产品同质化与日益狭小的市场空间，令啤酒生产商面临着严峻的生存压力。

新产品的推出意味着对于市场区隔潜在生意机会的重新定位。当众多品牌全力调动核心消费群的购买兴趣时，美国安海斯·布希酿酒公司（AB公司）的麦可洛（Michelob）品牌进入一个全新领域：为消费群诠释一种全新的生活方式。

20世纪90年代初，美国的啤酒市场步入巅峰期。进入新千年，随着新产品的增长与市场区隔的细分，啤酒品牌的竞争愈演愈烈。百威、米勒、库斯等强势品牌啤酒制造商每年都投入很大力量研发新产品，顺应时代，追寻新的消费人群。

早在20世纪70年代，保健的观念就深深地植入美国消费者的心中，他们越来越注重保健的概念。传统啤酒容易使人发胖，消费者更倾向于低热量的啤酒，因此低热量的淡色啤酒市场迅速繁荣起来，各啤酒酿造公司纷纷推出淡色啤酒抢占市场。

AB公司出品的百威啤酒可谓声名远播。近年来，百威通过一系列幽默的广告，使产品形象日益强大。AB公司的另一个重要品牌麦可洛经过几年的努力，逐渐摆脱困境，开始步入正轨。

麦可洛品牌拥有悠久的传统，在消费者中积累下深厚的品牌资产。AB公司一直希望麦可洛在淡色啤酒的市场区隔中获得更大的市场份额。

全新发现

消费者已经慢慢接受减少日常糖分摄取的忠告，商店里许多低糖的食品开始流行就是明证。

人们虽然不会经常光顾健康食品商店，但相当多的消费者渴望寻找一种酒类产品，既让他们尽情享受饮酒的快乐，又不用担心吸收过多的糖分和碳水化合物。低糖为AB公司研发新产品带来了灵感。

AB公司在调研中发现，美国消费者十分珍视健康的生活方式。从传统意义上讲，21岁至27岁的男性消费者是啤酒制造商全力追逐的核心消费者，对于他们的吸引力度将决定品牌的成败。然而一些年龄更大的消费者，则由于含糖量低的啤酒产品的出现，加入啤酒的消费群；女性也会缘于低热量、低糖的原因对该类产品投入更多的热情。

AB公司将"低糖"作为麦可洛新品——麦可洛超级淡啤酒的宣传诉求点，不过在宣传中避免将麦可洛超级淡啤酒描述成一种"减肥"产品或直接说明产品有利于健康，否则有可能导致核心消费者的流失。

实际上，淡啤酒大多以低热量作为诉求点。为了与其他淡啤酒品牌产生最大的差异化，AB公司最后将为消费者创造一种充满活力的生活方式，作为麦可洛超级淡啤酒的核心营销策略。整个营销战役针对更多层面的消费者群体：年轻人与老年消费者成为核心消费群，女性消费者也融入其中。众多啤酒商早就将女性消费者视为潜在消费者，一直在寻找适合她们的产品类别。

超越障碍

降低啤酒的糖分意味着必须以牺牲上佳口感为代价。各大啤酒生产商都在寻找技术上的突破，尽可能地在淡啤酒的酿造过程中，做到既降低糖分,又保持啤酒原有的口味。

经过一年半的研发,AB公司采用时间更长的淀粉糖化过程,这样既可以析出更多糖分,又保持啤酒更好的味道。

基于生活的营销战役

麦可洛超级淡啤酒的上市宣传活动,是对核心营销主题——宣扬"活力无限"的生活方式的全新整合。

营销策略更集中体现了针对消费者心理层面的诉求:麦可洛超级淡啤酒解除了他们心中的矛盾,不必担心摄入过多的糖分使身体发福或诱发身体的不适,完全在放松的气氛中享受饮酒带来的无限快乐。

在麦可洛的营销策略组合中,户内与户外相结合,平面与电视互补。一般来说,投放啤酒广告时,电视媒体占据重要地位,麦可洛超级淡啤酒的策略仍然遵从传统做法,以电视广告为重量级武器,甚至在第37届美国橄榄球赛时也购买了很好的广告时段。广告的核心目的是营造出温馨、轻松的生活氛围:电视广告中的年轻人或在街头慢跑,或骑单车,或在健身房做运动。平面广告继续传达出统一的传播信息,如表现一对年轻男女斜倚在沙发上享用麦可洛超级淡啤酒。广告战役使用了统一的广告语:"失去更多糖分,保持醇正味道。"同时投放了大量的户外广告,吸引更多消费者的注意。

主题广告通过对生活方式的演绎打动了年轻的消费者和更成熟的消费者。

对于希望拥有充满活力的生活方式的消费者来说,广告充分表达了他们每天的追求与渴望。人们能够接受这种生活方式,并且了解品牌所传达的信息。

渠道中的宣传延伸

人们通常会在一些聚会的场合饮酒。麦可洛超级淡啤酒的低糖特色,为人们选择酒类时提供了充分的理由。AB 公司与分销商联合出击，发动地面营销攻势。分销商为巴尔的摩、芝加哥和华盛顿特区的重要餐馆均提供了数量可观的麦可洛超级淡啤酒。"如果你需要低糖啤酒，麦可洛超级淡啤酒正是您的选择"这句广告语，同样将啤酒的醇正味道与令人信服的宣传信息巧妙地结合在一起。

产品展示与样品派送仍然是营销战役不可或缺的环节。产品成功的关键是口碑传播，品尝过赠品的消费者会告诉其他人这种新产品味道不错。

不俗的表现

麦可洛超级淡啤酒的市场表现良好，上市后 4 个月，麦可洛超级淡啤酒在美国超级市场与食品杂货店的销量可观，其上市大大提高了麦可洛整个品牌的总销量。

打包水火交融的墨西哥风情
——美国德尔墨西哥风味快餐连锁店品牌整合战役

美国的快餐业非常发达,各式各样的快餐店层出不穷,快餐文化已渗透到美国人生活的方方面面。同时,美国的多元文化极大地丰富了餐饮文化,发达的快餐业同样吸收了异域风情特色。

墨西哥风味快餐可称得上美国快餐业中的一个亮点。墨西哥多样化的地理环境孕育着丰富的物产,也为丰富多彩的墨西哥菜奠定了良好的基础。

"塔可"是墨西哥风味菜中标识性的食品,用多提亚面饼与切碎的肉片、干酪等裹在一起卷制而成。

百胜餐饮集团旗下的塔可钟墨西哥快餐店是全美第一大墨西哥风味快餐连锁店,每年推出大量全新的菜色品种,抢占竞争激烈的美国快餐市场。墨西哥独特的风味也为众多中小快餐连锁店提供了发展的空间。当有大量的玩家抢滩登陆时,为了在销售季尽快获得可观的销售额,价格战再次成为各快餐店的杀手锏。但是,有一家连锁店显得出奇的冷静,它一直以稳定的价格维持着稳定的销售增长,这就是美国第二大墨西哥风味快餐连锁店——德尔塔可连锁店(以下简称德尔连锁店,Del Taco)。

一帆风顺的成长历程

在众多的墨西哥风味快餐店中，德尔连锁店是其中一家老资格的连锁店。德尔连锁店的前身是红 E 餐饮公司，1973 年正式更名为德尔塔可连锁店，之后德尔连锁店以每月一店的平均增长速度进行着扩张。

德尔连锁店的办店宗旨是为顾客提供快捷、新鲜的传统墨西哥快餐食品。经过 40 多年的发展，德尔连锁店已经成为墨西哥风味快餐业的重要餐馆之一，在全美拥有 400 多家连锁餐厅。

1998 年 3 月，德尔塔可快餐店和诺格拉斯餐饮连锁店合并，自此两家最成功的墨西哥快餐连锁店合并成为美国墨西哥风味快餐中强有力的竞争者。此时，美国的快餐业达到 600 亿的产值。

从 1990 年开始，德尔连锁店揭开了新的一页。在接下来的几年里，德尔连锁店加强挖掘消费者价值，并创造更多的经营机会，实施一个"咄咄逼人"的品牌传播与营销推广计划，同时大力提升运营能力，为消费者提供更好与更快的服务。连锁店的扩张也取得了较大的成果，德尔不断在美国各州扩展连锁店，迅速地建立成全国性的联营网络。

当美国的快餐业进入高速发展期之时，德尔连锁店已经成功地发展为全国性的快餐连锁店。

同质化品牌的危机

德尔连锁店的经营同样面临着其他竞争者必须面对的问题：由于一样的风味诉求，如何使消费者从众多的同质化品牌中选中自己，是快餐店最大的挑战。快餐店的竞争局面非常惨烈，因为在进行持续的广告战与长期的店铺促销大战时，大家都给自己选定了一样的特色：色彩鲜艳，选料新鲜。

虽然选料新鲜一直是德尔连锁店诉求的首要利益点，但是在旷日持久的广告宣传战中，这一特点已经成为所有墨西哥快餐店的通用特色，加上德尔等快餐店的目标受众——青少年与二三十岁的成年人消费群又是一个十分易变的群体，最终价格成为快餐店竞争的重要法宝。

德尔连锁店面对来势愈来愈凶猛的竞争，认为必须重塑自我品牌，打造出一个与众不同的墨西哥风味快餐品牌，才能立于不败之地，因此，德尔连锁店需要发动一个全新的品牌塑造战役。

打造品牌绝不是浪费大量金钱使消费者记住一个符号。品牌拥有专属的个性与表现力，成为与公众感情的沟通桥梁，激发人们在内心深处的真挚与美好的感觉。

德尔连锁店首先作了一个调研，看一下自己的品牌在消费者心中的地位与特征如何。

通过调研，德尔连锁店大吃一惊：该店最大的、最显著的特色——配料新鲜，完全被消费者忽略不计。大多数被访者认为，德尔连锁店的配料或是预制的半成品，或是冷冻的材料。毕竟，消费者到快餐店只是充饥，并没有期待所有的食品都精工细作。人们普遍认为，德尔连锁店提供的豆子只是脱水豆子，事实上德尔连锁店的豆子要经过三个小时的文火慢炖，这样烹制才能保证味道醇正！干酪是英国产的，使用的新鲜肉类是由供应商每周供应三次的。

这实际上也说明，一种产品本身优质很重要，但是更重要的是要让消费者知道它是真材实料的。

德尔连锁店决定为品牌进行一次重新梳理，打一场品牌内涵的翻身仗。德尔的营销队伍从走访特许经营商中，也得到了巨大的鼓励。其中一位经营近25年的快餐业者说，德尔墨西哥风味快餐百吃不厌，不但其食品配料新鲜，而且烹制时从不偷工减料，味道始终如一。不过，最大的问题是，没有让每一位消费者感受到他们始终在品尝同样的美味，没有向他们说明德尔的每一样食品都是不折不扣地花费很长时间、使用新鲜的配料烹制而成的。

"让你知道我是谁"的品牌战役

通过调研，德尔连锁店的领导层发现自己是"当局者迷"。他们过去的宣传只是字面或口头宣讲，强调配料新鲜，没有实实在在地展示给消费者。他们需要对消费者进行一次教育行动，以实证的方式让消费者真真切切地将"配料新鲜"与德尔品牌联系在一起。

德尔连锁店在宣传中启用了品牌代言人。以前，塔可钟餐饮公司使用奇娃娃狗的成功案例，给了德尔很大的启迪。作为美国最大的墨西哥风味连锁店，塔克钟使用可爱的动物代言人起到出乎意料的轰动效果。

但是，德尔连锁店认为选用明星或名人代言似乎效果不大。明星或名人可以起到一定的影响，在一段时间内引起广大消费者的兴趣，但是作为同质化十分严重的快餐业来说，启用同时"身嫁数家"企业的明星代言人，其效果不言而喻。如果再加上同一时期内同一明星出任不同的品牌形象代言，甚至是同品类的品牌，消费者对品牌形象的感知将产生混乱，宣传效果也大打折扣。

鉴于塔可钟用奇娃娃狗代言的成功经验，德尔决定依然采用情感引人的策略，以制造明星的方式贯穿整个品牌塑造战役。

德尔连锁店的品牌塑建选用了平民化的传播策略。于是，一个轰动美国的德尔墨西哥风味连锁店的雇员丹先生由此诞生了，这个虚拟的雇员丹先生以普通人的形象出现，更易为普通消费者所接受。丹先生从此成为一个平民明星。

以丹先生为核心的品牌传播战役分成两个阶段：

第一个阶段是品牌重塑阶段，从2000年开始持续近三年的时间。在这个阶段，丹先生被刻画成一个惹人喜爱的失败者。在系列广告中，作为德尔连锁店的普通雇员，丹先生历经重重磨难，他就像一个活生生的、现实中的普通老百姓，在广告片中所展现的平凡生活与遭遇的挫折，为他大智若愚的性格平添许多精彩的诠释。系列广告为丹先生刻意设定了一系列的不幸，或偶遇意外，或深陷灾祸，落难中的丹先生总能够创造出一派轻松、快乐的气氛。德尔连锁店的企业文化与产品特色，通过丹先生幽默的表演，被生动、形象地展现给消费者。

快餐业的广告往往伴随着新产品的上市，德尔连锁店在推出以半磅豆子与乳酪为馅料的塔可新品的时候，推出了名为《闪回篇》的30秒广告，这拉开了此次品牌传播战役第一阶段的序幕。

《闪回篇》很好地完成了既定目标。这个广告以倒叙的手法，讲述了丹先生在20世纪80年代的青少年时期的生活。广告的场景设计为20世纪70年代末、80年代初，当时的丹先生是一个活泼可爱的小青年，在德尔连锁店工作。广告片中，他一边跳着和缓的舞步，一边在收拾着梭鱼。丹先生在画外音里解释道，多年来德尔连锁店用作配料的豆子一直用小火慢炖的形式烹制而成，他每天的工作就是煮啊炖啊，所以只能以此种方式消磨时光。

这支广告给人们留下了深刻的印象，原来德尔连锁店的食品是这样精工细作的！在受众群认可丹先生的同时，品牌成功地完成针对受众的教育工作。广告片说明德尔的塔可就是用这种"细工慢火"烹制的豆子做配料的，其品牌所宣扬的配料新鲜绝对做得到。这也是首次对德尔连锁店风味餐的特色给予正面的、充分的展示。

观众普遍反映，这支广告"非常好玩、有趣"。消费者的积极反应带动了德尔连锁店整体的热销，德尔快餐的销售量一路攀升。

当品牌告知活动取得初步效果，消费者对于德尔品牌重新产生集中关注度的时候，德尔适时推到第二阶段，巩固品牌累积的影响力，持续增强与消费者的感情链接。

第二阶段的宣传则依旧从幽默的角度入手，展示了丹先生成为平民明星之后的逸事。广告片情节诙谐风趣，丹先生同样在片中受挫折，不过其饱受揶揄的窘态，得到了更多消费者的喜爱。

例如，促销滑嫩鸡肉塔可的广告，就是其中经典的佳作之一。

第一支广告：

丹先生在电梯里遇到了一个热情奔放的姑娘。她一下子认出了丹，脱口问道："你不是德尔塔可店的丹吗？"接着，她又喋喋不休地谈论自己多么喜欢吃滑嫩鸡肉塔可，然后又请丹跳舞。当镜头拉开的时候，观众发现丹先生正在自我陶醉地独舞，原来他做了南柯一梦。

第二支广告：

丹先生又与那个姑娘在电梯里不期而遇。姑娘开始仔细打量他。丹这次鼓起勇气准备与姑娘搭话。当丹打算聊些塔可促销信息以便打破僵局的时候，却因紧张过度一下子晕倒在电梯里。

品牌传播战役最大的收效，一方面重新树立了德尔连锁店在受众群中的品牌形象，使企业文化与产品特色得到最大化的强化；另一方面塑造了一个让消费者喜爱的平民偶像——丹先生，一个可以沿用多年的偶像级品牌代言人。

线下联动，扩大营销战果

当丹先生的知名度随着德尔连锁店的广告声名远播之际，德尔连锁店的营销队伍趁热打铁，紧紧围绕着丹先生推出了为期两个半月的主题为"德尔塔可，请您去尝鲜儿"的大型跨州的路演活动。一组展示丹先生的恶作剧的广告片陆续投播，持续与受众进行沟通，吸引他们参加当地的"尝鲜儿之旅"的路演活动。

德尔连锁店并没有简单地进行一场巡游路演，每到一地都设计出入乡随俗的设计特色宣传点，投放硬广告进行空中支援。活动期间德尔连锁店拍摄了一部记述巡回演出历程的旅行纪录片。这部旅行纪录片取材自巡演活动与丹先生乘坐的大篷车相关的逸事，并巧妙地与德尔的新产品结合在一起。在巡演期间推出的一支名为《第一天》的30秒广告里，丹先生竭力推销德尔新上市的巨无霸玉米馅饼，宣讲德尔巨无霸玉米馅饼比竞争对手麦当劳、汉堡王或塔可钟生产的三明治都大。广告片的结尾，两个年轻人向说得飞沫四溅的丹先生冲过去，丹先生以为两人打算袭击他，连忙逃跑。跑了几步回头一看，发现原来两人把他的大篷车开跑了，去独享美味的巨无霸玉米馅饼。

德尔连锁店路演活动最终的目的还是在于促进销售，所以此次大型巡演宣传活动采取更多创新的形式，以拉近与观众的距离。例如辣味鸡肉油炸玉米馅饼的推广，就是德尔连锁店将路演活动与冰球赛赞助营销结合在一起的上佳之作。首先，在电视上推出丹先生大搞噱头的新广告。丹先生沿袭其幽默的表演风格，让观众在喜悦的同时，对德尔的新产品辣味鸡肉油炸玉米馅饼产生浓厚的兴趣。在广告片里，丹先生与冰球运动队的官员出现在了冰球场，丹先生将T恤衫等纪念品投向观众席，没想到却把冰球场围栏的玻璃打碎了。

当然丹先生绝不只是在广告里面作秀，他还亲临冰球赛的比赛现场，在赛前进行签名活动。在赛间休息时，为了延用广告片里的幽默，他开着一辆磨冰车出场，滑稽亮相。之后，丹先生又走进观众席派发T恤衫，使现场气氛异常火暴。这种事先通过广告高密度轰炸打出产品知名度，待消费者产生购买欲望时，再与热门赛事联合营销的深度助推销售的方式，取得很大的成功。德尔连锁店的多款新产品都获得了很好的市场销售额。

经营拓展，加速市场布局

广告不是万能的，不过没有广告，营销将很难得到有效且有力度的传播支持。

德尔连锁店营销通过强化几大特点，吸引了相当规模的受众群：产品选料新鲜；全美开设网点众多，满足消费者便捷消费的需求；价格也很吸引人。

德尔连锁店的成功不仅仅是因为"丹先生"系列广告片的推出，更重要的是，德尔的全天候服务方式，以及店内宣传信息和社区的延伸服务，得到始终如一、稳定、持续的贯彻执行。

此时汉堡王和麦当劳展开的价格大战以及休闲快餐厅的猛增，使快餐业受到猛烈的冲击。德尔连锁店在快餐业中保持了稳定的增长，主要来自于德尔连锁店不打价格战的策略。

德尔连锁店从 2002 年即推出物有所值的菜肴与其他提供快餐服务的竞争对手进行竞争。从定价上德尔的食品划分成几个档次：50 美分、1 美元以下、2 美元和 3 美元……德尔连锁店认为，价格是一个每天都要坚持的标准性、规范性的东西，只有始终如一地坚持为顾客提供物有所值的食品，而且保证让他们品尝到味道一致的、原汁原味的食品，他们才愿意继续光顾。因此，他们不需要打折扣。

对于连锁规模的扩大，跑马圈地同样是德尔连锁店重要的战略。

在开展营销战役的同时，德尔连锁店加速分店的开设，其分店向东已达 416 家；从加州开始，分店向东已经扩展到了太平洋西北部的华盛顿和俄勒冈州；向南达到美国西南部的亚利桑那州和美国中南部的得克萨斯州。密集的加盟连锁店格局，有力地促进了德尔连锁店市场占有率的提升。

同时，德尔连锁店对公司的 CI 进行了整体升级改造：设计产品包装，雇员着装使用统一标识，连锁店外车道两侧放置统一的易拉宝等，店内也进行了细致的布置。

德尔连锁店的食品包装也作了统一规划，将品牌与具体的产品信息巧妙融合在一起。例如在饮料杯上印上德尔连锁店的标识，下面还附上一行宣传语："我们在奶昔里添加了真正的草莓。"这些都能够让消费者加深对德尔连锁店所售商品的印象，并使消费者随时随地产生联想：消费者在看到饮料杯、外卖包装盒时，在吃塔可、玉米馅饼时，都能联想到德尔连锁店。消费者每吃一次德尔连锁店的食品，就多接受一次德尔品牌文化的熏陶。

地区性竞争，大打文化牌

德尔连锁店虽然每年的营业额达 4 亿多美元，仍无法与快餐巨头相比，但是在一些区域性的消费群中拥有很好的品牌形象。例如借助口碑传播的力量，德尔连锁店对于加州的移民产生了极大的吸引力，宣传攻势十分见效，在新市场中销量明显增长。甚至一些经营商反映，一些当地尚未开设德尔连锁店又对德尔美食感兴趣的顾客,会开车去邻近州的德尔连锁店享受美餐。而且有些地方并没有投放德尔连锁店的广告或是派发赠券,仍旧吸引众多顾客的光顾。这证明了口碑传播的力量——人们认可德尔连锁店的质量才相互转告。

特许经营商看到德尔连锁店大规模的广告攻势,也积极参加到营销活动中来。许多州的经营者通过赞助当地中学、教堂和红十字会的活动和体育运动队的形式,有力地支持了德尔的宣传,使德尔连锁店迅速扩大在当地的市场占有份额,大幅提升销售额。

德尔连锁店的整体营销策略贯穿所有的宣传活动。戴尔连锁店希望顾客们知道,顾客在店铺内不但享受着更完善的服务、更新鲜的食品,同时也度过了一段值得回味的时光。

通过打造一个平民明星,以及为其量身订制的系列线下活动,德尔连锁店取得了品牌重塑的胜利;对于经营策略的细节调整,使德尔连锁店在价格、规模、市场竞争等多方面的优势得到了均衡发展。

康阿格拉：让顾客当回真正的上帝
——康阿格拉方便餐品牌定位案例

美国是一个高速工业化的国家。快速的工作节奏，使美国的快餐业迎来了大发展。

快餐业经过多年的经营，创造了浓厚的美国快餐文化。特别是，快餐业强大的营销宣传攻势，使传统食品公司感到巨大的竞争压力。

快餐的盛行也产生了很多负面的影响，近年来一些健康组织开始提醒人们：快餐中的油炸食品，含有高热量、高脂肪，对身体有很多不良的影响。据美国疾病控制和预防中心统计，2000年美国因吸烟致死者达43.5万人，因肥胖致死者达到40万人。自1990年到2000年间，因肥胖死亡的人数增长33%左右，而因吸烟死亡的人数增长不到10%。

如今，肥胖已经超过吸烟成为美国社会的头号健康杀手。美国每年用于肥胖症的医疗费用高达数千亿美元。

对此，快餐业立即做出反应，转守为攻，纷纷推出健康快餐，全面改变"垃圾食品"的形象。例如，麦当劳公司推出"健康薯条"，全部使用新油，并推广到全球的麦当劳分店。改用新油后的薯条所含的反式脂肪减少48%，饱和脂肪酸下降16%。此外，麦当劳也用新油烹制鸡块、麦香鱼、各式炸鸡汉堡，以及推出低脂肪的酸奶蔬菜沙拉。麦当劳公司正尽全力追赶美国日益流行的健康大潮。

不过这种变革也带来不小的问题：快餐降低了脂肪，同时也改变了食品的口味。既健康又要保持原有的美味，是快餐业亟须解决的一个棘手问题。

方便餐迎来新的发展契机

快餐业遇到的行业发展危机，为传统食品业的方便餐的大发展带来美好的前景。

美国方便餐是食品业中一个具有很大生产潜力的品类。方便食品是一种事前加工过的半成品或可以立即食用的成品，消费者购买后几乎不需要进行复杂的烹调即可食用。方便食品包括冷冻食品、冷却食品、罐装食品和干燥食品。冷冻食品和冷却食品又是其中最大众化的品类。

特殊需求创造市场机遇

利益的增加必然导致竞争的加剧。许多国际大型食品公司纷纷进入这一领域，例如瑞士的雀巢，荷兰的联合利华，美国的卡夫、通用磨坊和亨氏等。一些有名的大超市也不甘寂寞，凭借自己在零售终端的优势地位也进入这一领域。

美国方便食品市场的激烈竞争演变得近乎惨烈。原来拥有相当市场份额的公司希望通过竞争获取更大的份额，原先只占有少量市场份额的公司欲经过竞争多获得一些份额。竞争体现在，如何根据大众消费者的要求调整方便食品的成分和口味？如何为特殊消费群体设计方便食品，增加特殊风味？

忙碌的生活方式成就方便餐

消费者的需求很大程度上来自于对健康的重视，这种观念的转变促进了人们改善饮食习惯，慢慢追求更健康的生活方式，这也为食品业的发展提供了更好的发展空间。

实际上，健康与营养的观念为消费者所重视，对于方便食品的生产厂商来讲，未必是一件好事。消费者渴望方便、快捷的食品，但是同时要求食品营养丰富，味道如同自己家里烹调的菜肴一样可口。

迅速改变的消费生活方式导致了方便食品的革命，人们希望在最短的时间内做好饭菜。特别是那种父母都上班的家庭，方便食品成为其生活的必备。为了挣到更多的金钱，人们付出了更多的时间，从而导致生活方式发生了巨大的改变。因为在工作上花费了更多的时间，消费者一般以加工预制食品或半成品食品的方式来代替传统的做饭方式。

经营策略转型，打通市场空间

康阿格拉公司（Con Agra）是美国一家老牌的食品公司。在激烈的市场竞争战中，它适时发现了一片难得的市场"蓝海"，迅速切入并取得了巨大的成功。

康阿格拉公司过去采用生鲜产品与包装食品并重的生产经营模式。不过，随着消费者消费习惯的改变，康阿格拉公司逐渐脱离了农业综合业务，通过高度集中运营的策略，将业务重点全面调整到消费性产品上。因此，康阿格拉陆续推出了一系列新产品，如 Hunt 番茄产品、"健康之选"和"盛宴"品牌方便餐。这些新产品的上市都经过了精心的策划，产品定位充满了创新与新鲜颖的诉求。根据这些创新的想法，研发出的新产品更好地适应了消费者的生活方式。

通过与消费者建立联系，搭建沟通桥梁，使康阿格拉公司预见到远期出现的流行潮流，并且及时研制出创新型的食品以适应消费者新型生活方式的需要。2001年，康阿格拉公司开发出的"盛宴家庭便餐"完美地满足了消费者的需要，成为业内表现最佳的新产品。

同质诉求，寻找新突破口

康阿格拉公司决定在方便餐品类中谋求更大的发展。不过，它面临着强大的竞争压力，而且前途也充满了荆棘。

首先，竞争者很早以前就进入这一市场。例如美国通用磨坊食品公司贝蒂妙厨品牌的包装食品已经营了30多年,贝蒂女士①早已成为美国家喻户晓的偶像型人物。贝蒂妙厨品牌旗下的一些方便餐,拥有稳定的消费群。现在又推出了鸡肉助手、金枪鱼助手等近60种新产品。此外,雀巢和卡夫的包装食品都因为入市较早,加上大力的市场推广形成了稳定的消费群。

其次,市场产品样式繁多,消费者早已对此麻木了,大量的广告使他们无所适从。

再次,预制的方便餐也有其不便之处,主要出现在让消费者动手的环节。

方便餐一般是半成品,多为主食、蔬菜、配料包装在一起,需要消费者亲自动手配上餐包内的调料,再以烘烤等方式加工后方可食用。

为了美味,餐包里通常放置各类调料,说明书讲解的调制过程过于繁琐,使消费者往往一头雾水,不知从何下手。另外许多餐包配装的是脱水蔬菜,所以方便餐的味道远不及亲自烹制的菜肴美味。省时又美味成为预制的方便餐急需突破的瓶颈。

精确市场洞察,突显独特卖点

康阿格拉公司找到了方便餐的真谛:方便餐的优势在于通过生产各种口味的产品,满足消费者越来越个性化的需求。

方便餐最大的机遇在于了解消费者真正的需求是什么:购买方便餐的消费者最基本的要求或者说核心问题是什么呢?他们到底想要买到什么样的产品呢?

通过广泛的研究,康阿格拉公司发现其实答案非常简单:消费者只想"吃上一顿像样的饭"。即希望花最少的时间,以最安逸的方式,完全按照

---

① 贝蒂女士:是美国著名的品牌代言人之一。1921年由沃什伯恩·克罗斯比公司(通用磨坊食品公司的前身)创造出来虚构的烹饪专家。从20世纪50年代起,贝蒂出版烹饪书多达200种。贝蒂同时开发自己的系列食品,生产著名的贝蒂妙厨蛋糕。多年来,她更换了八个"形象"。从1936年的铁板面孔、灰色头发的老年妇女,变成如今电脑制作的橄榄色皮肤、黑发的形象。

傻瓜式的操作方法，将这顿饭做完。而且菜肴如同花费几个小时准备、烹调的正餐一样，拥有诱人的滋味与各类营养。

不过，消费者的确缺少耐心，他们在十分无奈的情况下还是接受了几乎毫无营养的快餐——高热量、高脂肪、高胆固醇的"垃圾食品"。于是美国造就了一个又一个"超码的我"。《超码的我》这部拿美国快餐开涮的电影，能够取得极好的票房收入，可见是说到了美国人的心坎里去了。

消费者对于生活的需求已经降到了最低的极限："我只要吃上一顿像样的饭，不要花太多的时间。"消费者已经被教育得太过宽容，他们每天都接受着各式各样的硬性和软性的宣传信息，确实是麻木了，他们只是希望从多如牛毛的品牌中挑出值得信赖的产品。

康阿格拉食品公司应势而变。通过细分化的市场调查，寻找到了方便餐的市场真空，研发新品上市。随后以强大的营销攻势辅助传播，迅速挖到了方便餐这一品类的最大的一桶金。

发掘真正的市场需求

人们生活忙碌，越来越厌倦程序繁杂的家庭聚餐，即使令全家每天相聚在一起的晚餐时间，也已经很难有更多的人投入热情。他们要么随意带快餐回家一起享受，要么干脆到外面去吃快餐，要么去享用考究的正餐。

其实"正餐时间"也意味着团聚。人们工作一整天，从早上就离开家，直到晚上才能再次相聚。然而正餐的意义随着现代人生活方式的改变逐渐变得模糊了，人们希望利用有限的空闲时间去享受生活，而不是花费大量的时间和精力去烹制精致、可口的饭菜。快节奏的生活，让人们越来越认为吃饭只为果腹，而不是去享受生活。即使美国人最喜欢的周末去郊外的聚餐，其中大部分主餐也只是烧烤类食品。

应该说，近两年不管是卡夫的"Special K"早餐谷物食品，还是其他的一些产品，都将宣传的主题转变成"回到餐桌"，也就是令人们重新恢复团聚到一起的习惯，创造出一个重新营造家庭温馨氛围的机会。

康阿格拉通过大量的调研发现了一些关键性的问题，为"盛宴家庭烘烤"方便餐的入市奠定了决胜的基础。这些重要的消费者洞察来自美国女性消费者。她们嘲笑市场上现存的方便餐如同经历了一场发生在美国20世纪30年代的沙尘暴。消费者认为加工方便餐应该轻松方便，但是当时市场上的方便餐不是加工过度，就是已经调好了味道，使消费者无法自己对调料进行增减。消费者非常渴望通过简单的动手操作，就能吃到适合自己的正餐。

调研发现，女性消费者认为没有一种方便食品是真正意义上的方便餐。当时几乎所有的品牌产品都要先做主料，之后再加入各类配料，不能一次性做好。女性消费者们希望轻松自如地为全家人提供一顿可口的饭菜，而不需要自己守住一只烤箱苦苦等候几个小时，才把一道菜端上餐桌。虽然烹调的时间很紧迫，但是要求方便食品必须营养均衡，而且加工简单易行。

这个发现为康阿格拉公司敲开了方便餐的市场大门，其市场队伍确定了当时最重要的事情就是制造真正意义上的食品，并在其中添加肉类产品。于是，盛宴品牌家庭烘烤预制方便餐的面市被推上了日程。

盛宴品牌的特色定位

"不花心思，吃大餐"是盛宴家庭烘烤系列方便餐的诉求方向。盛宴家庭烘烤系列以方便的操作流程，博得了消费者的青睐。

康阿格拉公司的产品有以下几个优势：

首先，康阿格拉所属品牌食品采用真材实料，其下属的系列品牌均享有良好的声誉。其中盛宴品牌是康阿格拉公司推广了很久的包装食品品牌。作为一个老品牌，盛宴在多年的市场运作中，获得了消费者的肯定。康阿格拉公司推出新品，正好借助品牌的前期宣传所产生的知名度与美誉度。

其次，康阿格拉公司为盛宴家庭烘烤方便餐赋予了一个清晰的定位：真正的正餐，即单一包装的、实惠的、令人满足的、吃得饱的方便套餐。

康阿格拉公司在产品开发上有了巨大的突破，给套餐里增加了真正的肉块。这对于通常配给脱水肉制品和脱水蔬菜的方便餐来说，简直是一场革命。盛宴家庭烘烤系列方便餐，采用三四磅重的大号包装，足够一家人食用。分量足够大是盛宴方便餐的最大特色。顾客在超市采购时，真实的反应是，餐包拿在手里"感到沉甸甸的"，"绝对够吃"。

消费者买回家后，只需5分钟就能把配料调制好，再用35分钟烤制即可。调制的过程十分简单，完全是消费者希望的"傻瓜式"的做法，消费者只需按照说明一步步地兑到一起即可。这正是家庭主妇们的愿望，她们需要做的，只是散心的时候到超市里逛一下，从货架上把方便餐搬回家，依葫芦画瓢地把半成品和调料拌到一起，放入烤箱，一切都好了。

生产商尽量将消费者所要做的工作简化到一两步，之后就可以让消费者享受"茶来张口，饭来伸手"的待遇。

这种切实可行的傻瓜式操作，正是消费者一直期待的。

整合营销打造消费者认可名牌

为了推出家庭烘烤便餐，康阿格拉公司组建了来自研发、制造、经销、包装与营销部门的营销队伍。同时，由公司内部雇员组成的"品尝组"进行样品试尝活动，并且为数以百计的标准样品进行了等级评估。

前期的品尝活动为产品的上市奠定了良好的基础。

正式进行营销战役之前，康阿格拉公司进行了初期的电视广告测试，效果很好，之后调整了产品的定位，集中突出了产品的方便和易操作性。

营销传播的重点是突显盛宴家庭烘烤系列产品与其他品牌的差异：这个产品提供的是一顿完整的正餐，完全不同于普通的脱水正餐食品。

广告片的重点诉求是，盛宴家庭烘烤系列产品的分量非常大。新广告语是："小心拿住喽！"康阿格拉公司首先在有线电视网上投放了广告片。

电视广告的主要任务是充分展示盛宴方便餐有多么沉重。在第一支电视广告中，一位妇女走进超市，在货架上细心挑选，最终选中了盛宴家庭烘烤鸡肉饼干方便餐。她随手一抓，没想到包装盒太重，她被拽了个趔趄，跌倒在地上。第二支广告采取了类似的诉求方式：一个在超市里购物的妇女从货架上取下一盒盛宴家庭烘烤方便餐，没想到餐盒太重，她摔倒在地，同时将购物车撞翻，货品散落得满地都是。

平面广告则提醒消费者必须抬起腿顶一下，给胳膊一个助力才能够安全地把盛宴家庭烘烤方便餐从货架上拿下来。平面广告投放到了《好管家》、《电视指南》和《肥皂剧文摘》等杂志上。

美国的一些突发事件促使人们重新认识与家人共叙天伦的重要性。人们希望回到安全、简单、朴素的时光中。食物是舒适生活的重要组成部分，这不仅是生理上的需要，也是情感和精神上的需要。

后续推广将品牌影响力扩大到极致

康阿格拉公司进行地面推广活动时，最大的优势在于能够与公司其他品牌的产品捆绑在一起促销。促销活动期间，它推出了家庭烘烤系列的优惠券，这一策略可以巧妙地将盛宴品牌现存的顾客拓展成为其他品牌的潜在客户群。

为了与核心消费者——忙碌的家庭主妇们建立起更紧密的联系，康阿格拉公司特别为母亲们组织了一个别开生面的活动——"超级大餐与超级母亲大奖赛"。这个比赛是让热心的家庭主妇们得到一个更深入地了解盛宴方便餐的机会，让富有创新性的母亲利用盛宴方便餐，准备新颖别致的家庭大餐。这类表演性的节目极大地调动了核心消费者的主观能动性，使终日忙于家务的家庭主妇们也有了表现自我价值的机会。最有创新想法的母亲们得到了不同等级的大奖：家政服务、鲜花、游览旅游胜地等。最重要的是，这次与消费者的互动活动，也得到了大量零售商的鼎力支持。他们积极参与，同时也推出相应的宣传活动，以便利用整体活动的宣传力量，扩大终端销售的成果。

同时，康阿格拉公司安排了针对学生的营销活动。在校园假期结束之后，为大学生准备了100个1万美元的大学奖学金。为了加强与学生们的互动，在校园内推出方便餐赠券抽奖活动。

这种内含肉块的一次性方便餐非常可口，在市面上销售得很好，很受消费者喜爱。在经济衰退和正餐时间逐渐减少的年代，这种新产品准确地击中了拥挤市场中罕见的真空地带。

业内人士谁都没有料到盛宴家庭烘烤方便餐上市的第一年就取得如此巨大的成功。根据业内新产品跟踪调查报告，盛宴家庭烘烤方便餐第一年的销售额即达到1.25亿美元，成为当年最火的家庭方便正餐。

新产品的成功的确出乎经销商的意料。一个美国的零售连锁店经营者说，以他的经验，卖场中现有的正餐方便餐品种繁多，各个品牌如八仙过海一般，各显神通。店内POP与展示拥挤不堪，家庭主妇已经厌倦了那些新产品上市的宣传活动，几乎对于所有的宣传信息都麻木了。没有想到，盛宴家庭烘烤方便餐成了抢手的热门产品。

康阿格拉公司盛宴系列方便餐在市场上引起了热烈的反响，特别是餐包配给的肉块得到消费者最大的认可。其火暴的市场反应，立即迫使竞争对手迅速反击。最快的竞争对手在两个月之后推出了相应的烘烤系列方便餐；之后卡夫、通用磨坊都相继推出烘烤、炖菜等系列的方便餐。

百事：超人气品牌网络传播案例

百事可乐一直强调作为年轻人的代言人的定位，整体的品牌传播始终基于这一总体策略定位。

自1996年正式开通百事网站后，百事可乐始终牢牢地锁定年轻受众群。百事的网站向访问者提供最新的百事广告片、最新资讯来满足年轻"冲浪者"对于时尚的需求，同时不断翻新的抽奖赠券活动也很好地调动了上网者的积极性。而其网站推出的在线游戏，更是年轻受众关注的热点。为了使网站成为品牌的有力延伸渠道，百事推出新一轮在线营销战役。

年轻人：永恒的宣传核心

在线营销战役中，百事仍然将年轻人定位为核心消费者，其中18岁的年轻男性消费者成为重点影响对象。在线广告采用了巨幅广告、横幅广告和流媒体广告等形式，同时发出了300万封电子邮件。广告投放选择了MTV、雅虎和奥斯卡的官方网站。

百事通过签约歌星小甜甜布兰妮，使电视与网络广告平添更多的魅力，以布兰妮为主角的电视广告与在线广告同时推出，布兰妮的加盟的确为百事聚敛了更多的人气。同时由两个美国联业棒球明星小肯·格里菲和萨米·索萨主演的广告片也成为整个宣传战役的后续宣传亮点。同时百事的网站提供了很多的广告片制作花絮，以吸引人们的关注。

"超级碗"：新营销实验场

在百事针对网站整合的传播战中，2002年美国橄榄球"超级碗"上的互动流媒体战役成为其中最大的亮点。

百事与美国一著名的门户网站合作，推出了一个为期5天的公关活动：邀请观众评选在"超级碗"中播出的百事经典一代系列广告。

在"超级碗"的第一节广告时间播出由6支百事经典一代的广告剪辑而成的长达90秒的电视广告，让观众上网投票，选出其中最好看的一支。然后在比赛第二节的广告时间，播出获得观众投票最多的那支广告。

正是因为流媒体技术的发展，才使电视广告网络化，达到双重的宣传效果。网络数字宣传战役能够使许多新奇的构思付诸实施。

百事公司的"布兰妮百事一代"的网络与影视的互动，正是架构在互联网这个24小时实时在线的平台之上。针对2002年"超级碗"的广告战役，百事筹备了半年的时间。同时，百事网站提供的电视广告播放的服务，也吸引了众多目标受众的注意。不过，互联网是唯一能实现传播巨型流媒体广告形式的平台，因为没有了带宽的限制，可以展示90秒广告的全部内容。在"超级碗"举办的5天内，这个90秒的广告下载次数达100万次以上。

这个广告战役吸引了很多人的关注，同时进行的活动也收到了积极的效果。百事网站与合作网站5天共收到41.7万观众的投票，有7万人次参加抽奖；大量的网站访问者自愿留下相关信息，为建立消费者数据库提供了丰富的资料。另外网上还拍卖了百事广告中的道具与服装，为布兰妮基金会筹得7.8万美元的款项。

此后百事网站每月都可获得近300万次的单独访问量。网络广告成为一种比平面媒体广告或电视媒体广告更为有效的宣传形式。

百事公司希望在线广告战役成为传统广告宣传的一个延伸，也希望未来的用户将网站与百事的品牌连接在一起。虽然受众翻阅杂志或收看电视广告也将被动收到宣传的信息，但是网络的宣传将使目标受众与品牌产生积极的互动。

第二章

美国医药业营销

辉瑞缔造"伟哥"传奇

——万艾可上市推广案例

对于美国辉瑞制药公司来说,1998年具有非同一般的意义。正是这一年,辉瑞制药公司研发的主治男性性功能障碍的处方药——万艾可获准上市。这种蓝色药片旋即风靡全球,也使辉瑞的标识遍布四海。

当今世界面临着很多不稳定因素,如经济危机、区域争端与冲突、公共卫生突发事件等,这些不利因素会对许多传统行业的发展造成影响。不过,与其他行业相比,医药业受到的影响小得多。不论社会动荡、开支紧缩与否,普通消费者身染疾病,花钱买药都是天经地义的事情。

首先,医药工业是国际性产业。在各国的产业体系和经济增长中均发挥着举足轻重的作用。医药工业具有较强的产业关联度,与化工、机械、电子、种植等行业有着非常密切的联系。其次,医药工业是一个朝阳产业。医药产品与人们的生命健康息息相关,随着环境的恶化及各类棘手的致命性疾病的不断涌现,医药工业必须不断地开发出新药、特效药。新药的研究与开发是医药企业发展的战略核心。一个制药企业无论过去取得怎样的成功,一旦在新药研发上乏力,其产品就会被疗效更高的新药所取代,企业也可能因此而衰落。因此,医药工业是一个必须永远向前发展的行业,同时医药业也是一个利润颇丰的行业,行业内的竞争异常激烈。

美国辉瑞公司是一家有着150年悠久历史的研究开发型跨国制药公司,在全世界70多个国家设有147家分公司,在6个国家设有研究中心,并在22个国家开设33家生产工厂,营销网络遍及全球150个国家和地区。

其实在1998年之前,美国辉瑞制药公司并没有什么名气。

多年来,辉瑞公司的领导者一直在寻觅着改变公司形象的良机。作为制药公司,研发新产品的力量固然重要,但是在消费者心中建立起强大且可信任的品牌形象更为关键。当一种新药品上市之时,医药公司并不只是期待得到营业额的回报,也希望为企业的品牌进行更多的塑造工作,积淀下更多的品牌资产,这样消费者会对它们今后开发的新药品产生更多的信赖。辉瑞公司除了面临市场销售的压力,其品牌同样需要一个很好的方式进行建设与维护。

万艾可的上市,为辉瑞提供了一个千载难逢的好机会。

美国医药营销现状

美国大型医药公司每年都推出许多新药,等待美国食品药品管理局(FDA)等权威部门批准上市。

制药行业是资本、技术、知识密集型的行业,具有传统行业与新经济产业的双重特色。处方药因拥有专利保护与必然的需求量,成为制药公司最大的利益增长点。大制药公司经营中的增值核心均来自于新药的研发和销售。一种专利特效药获得政府批准上市之后,这些公司通常在专利保护期内想方设法获取最大的利润,保护期结束后,或放弃此种药物的生产,或者使之逐渐淡出市场。

制药公司也在进行着另一个尝试,在受专利保护的处方药到期之前,将处方药转为非处方药,两类药品同时面市,期望借此获得更多的利益。不过,因销售上的相互冲突,药品的多重开发也遇到诸多困难。

制药公司获益最多的新药研发,实际上面临着巨大的挑战。在基因技术实际应用取得重大突破之前,新药研究很难实现巨大的突破。

科技水平很难在短时间内突破瓶颈,新药开发后继乏力,但研发成本却在飞速上升,美国整个医药行业的研发投入是400多亿美元,而大批专利药于2005年到期。专利权到期意味着市场份额的急剧流失、赢利剧降,令众多大制药公司坐立不安。

另外,还有一个很现实的问题。制药公司所开发的新上市的处方药,由于受到专利权的保护,可以使制药公司在专利保护期限内,获得独家销售的权利以赚取丰厚的收益。但是,每一种畅销药都有替代品,而且针对专利药所创制的大量非法仿制药也时刻蚕食着原本十分拥挤的市场和不多的市场份额。辉瑞公司研发的许多专利药也同样面临着被竞争对手瓜分市场和被仿制药侵吞营业额的困境。

"重磅炸弹"万艾可应运而生

美国的医药界流传着这样一个通行术语——"重磅炸弹级药品",通常指销售额超过5亿美元的畅销药。各大制药公司都将全部的人力、物力、财力投入到能够带来巨额经济利润的"重磅炸弹级药品"的研制上。

万艾可正是这样一枚"重磅炸弹"。

万艾可即Viagra,民间俗称"伟哥",主治男性性功能障碍。

万艾可的上市恰逢绝好时机。

首先,美国社会商业极度发达,各类产业得到巨大的发展,社会福利与保障日臻完善。美国消费者对幸福与美满生活的追求日益高涨。享受完美生活,成为每个人的理想。夫妻之间的和谐生活也是整体生活概念中一个不可或缺的组成部分。然而,在安逸之时,如果无法保持健康的生活习惯的话,吸烟、酗酒、吸毒、长期滥用药物等不良的生活习惯,都对正常的夫妻生活产生巨大的影响。

根据相关资料统计,在全世界40岁以上的男性中,半数以上患有程度不同的勃起功能障碍疾病,因二度勃起功能障碍而使性生活受到极大影响的男性达1.4亿人。治疗性功能障碍类药品蕴含着巨大的市场前景,预计未来几年,全球治疗性功能障碍类药物必将成倍增长,销售额将有30亿美元左右。

辉瑞和其他众多制药公司都预见到治疗性功能障碍类药品具有巨大的市场潜力并能获得无可估量的经济利益。各制药公司均在研发方面投入了高额的科研经费,希望率先进入这一尚待开拓的领域。辉瑞研发了近13年的万艾可首先获准上市,抢得了先机。

其次,世界各国都对医药广告的宣传有着严格的限制,特别是针对处方药广告的限制更加严厉,借此来保护广大患者和普通消费者的利益,以免不实的宣传信息使对于医学了解不多且对药品缺少必要的鉴别能力的消费者，受到不必要的误导。

众多制药公司则抱怨缺少必要的宣传手段与消费者进行更多的沟通。1997年以前美国政府对医疗广告限制颇严，FDA一直禁止制药公司投放直接面对消费者的处方药广告，制药公司一直苦于法规的限制无法对消费者进行直接宣传。1997年8月，FDA作出里程碑式的决定，放宽对广告法规的限制，允许各制药商在广播、电视中播出针对消费者的处方药广告。广告可以详细讲明处方药的用法，但同时也需说明药品的副作用。制药公司拥有了更直接地接触与影响消费者的有效方式，可以采取更感性的方式教育消费者、塑造公司形象与阐明药品用法。

辉瑞精心设计营销战役的策略，巧妙地将广告融入其中，选用恰当的品牌代言人，策划了一系列事件营销活动，将辉瑞与万艾可的品牌同时深深地植入消费者心中。

万艾可的成功上市成为美国医药广告的一个经典案例，同时借助公关造势，最终促成了新药的全球推广。

巧定策略，全线开拓市场处女地

寻找真正的市场空白区隔或未开垦的处女地，是市场领跑者的成功模式。辉瑞公司以营销见长，其高超的资本运作技巧，一直受到华尔街的关注。

药品的营销贯穿于药品的市场调研、开发、生产和销售的每一个环节。在激烈的竞争环境中，医药公司借助研发新药品占据市场区隔的优势，赢得市场份额，提高了产品的知名度和美誉度，从而获取更多的资金投入到更多的项目开发上去。对于资金相对充足的医药公司，在营销环节加大力度，是获取最大化回报的可行之法。

万艾可作为市场早期的进入者，能够迅速形成竞争优势，抬高跟进者进入相同市场区隔的门槛。辉瑞希望利用市场早期进入者的方便，建立起广泛的忠诚受众群基础，通过这些受众群可能对其他的潜在受众产生有利影响，这也是建立起坚实的市场领导地位的关键步骤之一。

作为一种专利处方药，万艾可上市之时必须以最快的速度和最大的宣传力度在消费群中产生震撼的影响。营销战以强大的宣传攻势及逆向操作的方式，通过高曝光率，让消费者带动医生开具处方，大力开拓终端销售力度。

在消费群中产生巨大影响，不只是依靠万艾可这种针对男性勃起障碍的专利处方药来引发轩然大波，更重要的是，让真正的患者得到清楚无误的信息：万艾可是一种治疗性功能障碍的药品，它能够改善生活质量。

确立领导地位，突破医药传播局限

万艾可的成功上市应归功于借势造势与适时造势两个关键的运作步骤。

首先，今日的市场不同于往日的市场。在医药营销中，各大制药公司的重中之重，就是充分在专业医学传播上面下工夫。宣传预算的绝大部分都会用于针对医院的专业医师，即有权开具处方的医师的宣传上。

辉瑞公司的整体营销传播策略采用内外双修、推波助澜的策略定位。

在医学专业传播方面，针对医院的医生们，通过医药营销代表深入医院迅速与医生建立必要的沟通，将万艾可的功效全面、清晰地介绍给医生们，让医生们全面掌握新药品的相关知识，待万艾可正式面市之后，让医生们将万艾可列入处方药的备用名单。

然而残酷的市场竞争使医生接受了太多的信息，专业医药营销人员敦促医生多开处方提升新药的销量，也越来越困难。专业医学传播仍旧是医药公司的重点，不过辉瑞公司针对终端患者花费了更多的心思。

在美国，处方药在食品杂货店不得销售。不过现在美国的市场出现了变化，消费者的消费心理与需求也发生了变化。

通过无处不在的电视、网络，消费者掌握了即将上市和已经上市的新药品，而且更多的处方药不需要处方也可以合法出售。这种媒体环境促成了越来越多的消费者在去看病的时候，直接向医生们说出他们希望服用的新药的名字。特别是在 FDA 放宽法规之后，针对消费者的广告形式在其中扮演了十分重要的角色。

　　FDA 放宽法规的初衷，是为了适应信息时代的需要，希望广大的消费者能够从详细的广告介绍中更多地了解药品的信息。这也使 DTC（直接面对消费者）广告形式迅速变成了美国广大制药公司手中的一件营销利器。每年美国电视网广告时段预售交易会上，位居前列的大客户名单上都会出现制药公司的身影。各制药公司所推出的强大的广告攻势，从一开始即将终端消费者纳入宣传影响的范围之内。DTC 广告使药品信息更容易传播，为产品的成功推广铺平道路。

　　名人代言和更为犀利的创意构想在面向消费者的处方药广告中效果最好，因此这一营销策略为更多医药厂商所采用。

　　DTC 药品广告已经进入一个升级的阶段。以前那种定位医生进行说教的形式，被更易于感染普通消费者并更具感性诉求的广告所代替。明星在其中显示出了很大的影响力。

　　按照美国医药业内人士的看法，自从 DTC 广告加强了医药类广告的宣传力度以来，医药营销越来越像日用品类广告宣传了：DTC 广告直接打动终端消费者，敦促终端消费者产生消费需求，主动决定并实施了购买意愿。

　　万艾可的 DTC 广告投放在大众媒体上，医生们同样也能够看到。医生们在开万艾可这类处方药的时候，不仅因为知道消费者通过广告获悉这种药品，而且消费者也同样知道医生们也了解这种药品，看到了相同的广告。针对消费者的广告形式演变成大众前期教育的一种有效营销手段，能够产生十分积极的效果。

　　辉瑞除了针对医学传播投入巨额的预算，以便在医院渠道中取得更大的经济收益外，也将直接面向普通消费者的宣传作为重点。其做法是，针对公众，利用大众媒体，在法律允许的范围内，对目标消费群和潜在消费群进行大规模的、地毯式的轰炸。

整合营销，缔造惊世名品

辉瑞公司为万艾可制订的大众传播策略，条理分明、重点突出。

首先，迅速占领特定性功能障碍药品的市场，以高强度的营销宣传战役塑造万艾可的品牌形象，使之成为众多患者心中治疗性功能障碍的唯一权威的药品。辉瑞的核心策略定位于万艾可是主治性功能障碍的内科药品，尽量避免被消费者误认为是臭名昭著的"春药"。

当然，作为治疗性功能障碍的处方药，万艾可很容易受到广大消费者的关注。性功能药品是很敏感的话题，容易引起患者的热切关心，同时也可能产生负面的影响。

其次，其营销战役的核心策略：作为性功能障碍处方药所具有的特殊性，将为万艾可上市带来轰动效应，在广大消费者中产生巨大震动。制造这种轰动的主要方法就是制造流行话题。

第三，辉瑞确立塑造企业的整体品牌形象，既有其现实意义，也有其整体经营战略的考虑。在这个处方药能够直面消费者的时代，辉瑞感到，制药公司在消费者心中的形象必须升华为可靠的药品供应商的形象。

通过万艾可的销售，获得巨额利润是不够的。需要借助万艾可潜在的巨大的品牌效应，为辉瑞公司本身换取丰厚的企业形象资产。这种品牌资产的经年积累，必将带动辉瑞其他药品的销售。

万艾可作为一种处方药，整体策略首先从品牌规划入手。上市之初，其宣传重点强调这是一种真正的内科处方药，只对有病的患者才有效。

万艾可的核心消费群是性功能障碍患者。为了建立良好的品牌形象，辉瑞的核心策略从解决人们的生活质量入手，将为人们提供一种更好的、美满幸福的生活方式为主诉求方向。

辉瑞制订了十分详细的整合营销计划，将电视广告、平面广告作为主要的广告投放平台。

广告战役整体基调充满了幸福、温馨，以欢愉的气氛烘托出万艾可为人们的生活带来的是质的变化。其中一支电视广告唯美地表现了一对又一对翩翩起舞的夫妻,如一个坐在轮椅上的男子抱着怀中的年轻妻子,在原地以轮椅代步起舞;一对老年夫妇在湖边起舞等。欢快的音乐、怡人的环境,衬托出万艾可起到的作用:让每一个人都有权利获得一直追寻的美妙生活。

平面广告战役也同样采用此类策略,不过平面广告为了达到更加有力的宣传渗透效果,通常以名人出任平面广告的代言人,让他们现身说法。采用长文案的形式,以代言人第一人称的口吻,生动地讲述万艾可给他们的生活带来了怎样的变化。

其后的广告大致沿用这个策略。例如,一个平面广告的文案这样写道:"与医生相处了一段尴尬的时间,结束了我与妻子两年的尴尬。服用了万艾可,妻子与我找到了更多乐趣。"广告语为"再次热爱生活"。

除了投放硬性广告之外,辉瑞赞助了一些电视栏目以取得最大化的传播效果。例如辉瑞赞助了一些深夜谈话节目。主持人诙谐幽默的调侃与嘉宾耐心的讲解,为信息的传递创造出轻松的气氛。观众通过收看节目对于男性性功能障碍病症与药物治疗的情况有了深层次的了解。

万事俱备,只欠东风

万艾可上市一段时间后,在大量针对专业人士的宣传攻势的作用下,取得了一定的知名度。但是想取得更大的成功,想使万艾可迅速成为"重磅炸弹级药品",尚缺少更有效且范围广泛的公众宣传策略。

辉瑞明白,万艾可必须通过大规模的媒体炒作,才能使销售量有质的飞跃。媒体炒作是一把双刃剑。大众媒体攻势切忌急躁冒进,因为万艾可的特殊功效一旦出现误导与偏差,势必对品牌产生深远的负面影响。

不论是医生还是目标消费者,均需要潜移默化地对其渗透,使他们的观念产生真正的转变,这样产品销量才会获得大幅提升。

万艾可生来注定是一枚"杀伤力无可估量"的"重磅炸弹",只是缺少启动引爆开关的合适人选。

谁也没有想到,一个公众人物——美国前总统候选人鲍伯·多尔意外出现,彻底改变了万艾可的销售局面。当时是1998年5月,辉瑞公司的营销人员正在筹划针对消费者宣传策略,这件事令他们又惊又喜。

这完全证明辉瑞将万艾可定位为内科处方药的策略十分精明且正确。

意外惊喜,引爆炒作大战

拉里·金是美国的名嘴,王牌主持人,拥有大批的忠实观众。他主持的《拉里·金直播》节目吸引了大批的观众。

拉里·金当时邀请美国前总统候选人鲍伯·多尔作为嘉宾,多尔先生欣然接受邀请。

在节目开播前,拉里·金在与多尔先生闲聊时,听到多尔先生谈起最近试用万艾可的情况,拉里·金试探地询问他,是否愿意在节目里谈谈这个话题。鲍伯·多尔毫不犹豫地回答:"没有问题。可以说一说。"在做这期节目之前,鲍伯·多尔从未与辉瑞公司接触过。

鲍伯·多尔在《拉里·金直播》节目里,谈论到万艾可在他动过前列腺手术之后,对他的帮助。他称万艾可是一种伟大的药,并动情地讲述着万艾可如何改变自己的生活,使他与妻子重新找到原来的快乐。多尔完全是发自内心的真实流露,打动了很多的观众,这甚至比一个完整的营销战役还要有说服力。观众都认识鲍伯·多尔,竞选时强大的政治广告宣传为鲍伯·多尔树立起空前的知名度。虽然鲍伯·多尔最终竞选落败,但获得很多人的同情。鲍伯·多尔服用万艾可改善了生活，大多数人为他高兴的同时，也产生了一种发自内心的信赖感。当然，拉里·金的节目与各大媒体都起到巨大的推动作用。

各大媒体立即从拉里·金的节目里嗅到了爆炸性新闻：一个前总统竞选者在亿万观众面前大谈自己性生活不幸福。这样出色的新闻得到媒体的大肆追捧与爆炒，无异于为辉瑞做了一次全美范围内的免费的联合公关活动。

无畏代言人成就万艾可

鲍伯·多尔的勇气成就了万艾可。如果不是多尔，恐怕没有哪个名人或明星愿意公开在亿万观众面前承认自己有性功能障碍。多尔以十足的勇气述说了老年人对于和谐性生活的愿望。

在美国，并不限制名人、明星做广告。但是由于美国严格的法律制度，一般明星与名人在出任医药公司某一种药品的代言人时都异常慎重，因为一旦他们所推荐的药品出现毒、副作用，作为代言人，其自身形象将因此受到巨大的损害，甚至有可能吃官司。

辉瑞一直希望走以明星和名人为代言人的路线，只是没有找到合适的人选，没想到鲍伯·多尔会主动送上门来。

此后，辉瑞公司与多尔

先生接触，希望他能够出任万艾可的代言人。经过协商，多尔先生欣然接受这一邀请，全面提高了万艾可的威信。

围绕多尔先生，辉瑞公司推出了一系列平面与电视广告。广告内容都是表现多尔先生面对着镜头谈论有关性功能障碍的事情，他现身说法，鼓励人们去看病。

之后推出的网络广告的诉求同样简单直白。一则网络横幅广告的内容为：正在打电话的多尔先生的休闲照片＋报纸上摊开的万艾可照片＝伊丽莎白·多尔（多尔夫人）灿烂微笑。

下面的文案是："多尔夫人这些日子一直微笑的原因是……"

多尔先生以其坦诚赢得了消费者对他的信任与尊重，没有人认为他在哗众取宠，通过出卖隐私换取钱财。以多尔先生为主角的广告推出三年之后，美国的许多消费者仍然将辉瑞公司的万艾可与多尔先生联系在一起。

制造话题，赢取营销第一役

这个营销战役改变了医药营销的模式。辉瑞公司在媒体宣传和媒体投放档期等方面进行了调整。在多尔先生宣传广告战役的推动之下，辉瑞决定将万艾可的宣传时间从深夜谈话节目时段，前移至晚间更早一些的时段，加进更为严肃的、关于男性勃起功能障碍的谈话节目里。

在万艾可推出之前，性功能障碍是一个禁忌的话题。将禁忌的话题转变为公众的休闲谈资，本身就是宣传战役成功的一步。

西方人的思想十分开放，有关性方面的知识普及率很高，文明教化的程度也较高，对待一般的敏感话题，基本上可以泰然处之。然而，性功能障碍是个例外。美国消费者对于个人的隐私看得很重，对于私密的权利看得更重。性功能障碍恰恰处于隐私的范畴，消费者也自然而然地将其视为一种禁忌。

能够巧妙地将禁忌的事情转化为大众性话题，实质上是一种质的转化。辉瑞在天时、地利、人和等诸多因素的配合之下，打赢了万艾可营销战役的第一仗：万艾可营销传播策略的成功之处在于技巧性地将禁忌的事情转化为严肃的话题,将性功能障碍转化为一个大家都能够谈论的疾病;让普通观众愿意坐在一起探讨,参与者能够坦然说出自己的感受,说出万艾可为生活带来的变化。与此同时,万艾可营销战役合情合理地预设了一个关键因素:万艾可的上市,使患者有了解决难言之隐的期待。万艾可营销传播战役营造出一种轻松、愉快、祥和、融洽的气氛,让人们感受到谈论万艾可是幸福的分享,而不是一件丢脸的事情。

借力使力,再造流行文化营销

万艾可的宣传定位十分明确:是主治性功能障碍的药品,而非"春药"。在后来媒体的炒作中,仍将"伟哥"(万艾可)喻为"跨世纪的春药"。这虽在一定程度上有助于万艾可的推广,但是辉瑞公司的营销人员对于宣传定位和尺度掌握得十分严格,尽量避免出现不必要的负面影响。

万艾可的整体营销宣传策略,兼容并蓄地吸收、融合了流行文化的特色,也开创了美国医药营销界的先河。当然,这也归功于万艾可能够成为公众话题的特殊性。更重要的是,流行文化的融入,使医药改变了生存形态。融合流行文化的营销战役成为万艾可下一个阶段的特色。

首先,"伟哥"热潮火遍全球,在大量幽默漫画、各色小报上频频出现。在互联网平台优势的推动下,"伟哥"在全球扩散。许多源自"伟哥"的笑话,也为人们的生活增添了更多的乐趣。

大众媒体的推波助澜,为万艾可带来许多免费宣传的机会。但是这种大肆宣传同时也是一柄双刃剑。

一方面,"万艾可"这三个字如雨后春笋一样,被人们广为传颂。另一方面,它也可以产生很大的负面影响。如果放任宣传走得太远,特别是接近自夸的时候,将会对品牌产生不小的损害。下面的例子就说明了这个问题。

当时一位著名的男性偶像人物,曾被考虑作为万艾可的代言人。辉瑞在宣传战役之初确实需要采用名人效应,以迅速引起公众的注意,提高知名度。其他万艾可的名人代言人所做的公开言论,与辉瑞的宣传方针一致，都是在说服用万艾可之后，如何使自己的生活更美满，如何提高生活质量。但是那位名人的言论与辉瑞公司的初衷大相径庭，他的谈话表演成分太重，大谈自己有7个女朋友，已经吃了一大碗万艾可。在他的嘴里，人们只能感觉到"跨世纪春药"的味道。最终，辉瑞放弃请他出任代言人的计划。

辉瑞的营销队伍小心翼翼地躲开一个又一个陷阱，使万艾可的宣传走向成功。

其次，流行是时尚化的标识，流行文化是时尚的象征。辉瑞的整体营销目的之一是塑造企业的品牌形象，在未来的潜在消费群里打下深深的烙印。年轻人是辉瑞的万艾可或其他产品的潜在消费者，只有利用流行文化才能与他们建立良好的、可以信赖的沟通。在年轻消费者心中，流行代表时尚、代表新兴，有发展前景，辉瑞成了他们心中可信赖的、现代化的医药企业。万艾可本身对他们也有很大的吸引力。

第三，辉瑞借流行文化，将企业形象镀上了前卫、技术先进、有潜力的大型医药企业的光环。这也正是辉瑞此次品牌宣传战役的核心目标所在。

卡通图、论坛、笑话等网络传播的手段，也为万艾可进军流行文化与扩大传播范围，起到了巨大的推动作用。例如，一幅幽默画表现的是两个戴着助听器的老者在对话。一个说："我定好去墨西哥瓦雷他港观光……"另一个没有听清楚，追问道："你吃了一夸脱的'伟哥'?！（一夸脱合907.2克）"；一个餐馆门口的招牌这样写着："我店供应的坎伯兰香肠可能含有'伟哥'成分。"

网络本身就是一个时尚、流行信息的中间站和信息批发中心。辉瑞为万艾可开设了专属网站，为患者提供更多的信息与药品资料。

自从万艾可上市后，引发了全球议论热潮。有的媒体专家分析，"伟哥"这个词最少积累了7至10亿美元的无形资产。

利用事件营销，再掀高潮

医学营销除了像传统行业营销一样，定位受众群传播既定宣传信息之外，教育消费者也是一项重要的策略组合。

DTC广告形式赋予了辉瑞更多的直面消费者的可能。将这种处方药按日用品营销的操作模式推广，也是辉瑞借万艾可上市在医学营销方面的全新的尝试。

通过巧妙对消费者进行合围，与他们进行"贴身肉搏"，一对一的交流是医药营销的一贯的做法。

万艾可使用了大众媒体突破的策略：通过刺激目标受众的关注度，提高观众的热情，促进销售。此种策略在美国医药界从未有过。

辉瑞公司抓住一切可能的机会，为万艾可创造更多的曝光机会。

情人节成为万艾可事件营销的上佳平台。在1999年情人节，辉瑞公司推出了系列平面广告，堪称利用事件营销的经典之作。其中一则广告幽默、风趣，背景采用深蓝色，充满了浪漫的情调。小天使丘比特依然面带微笑，只是怀里象征爱情的弓箭，换成了一粒淡蓝色的万艾可！平面广告的主标题（广告语）写道："祝情人节快乐。"上面的文案注解为："万艾可，情人节官方赞助商。"

这则平面广告推出后，引起很好的反响。辉瑞公司此次宣传的用意十分清晰：祝年老的夫妇与年轻人一样永远享受浪漫的情人节。

此外，辉瑞公司大力促成联合营销与赞助活动，扩大消费群。万艾可随时出现在男性消费者喜闻乐见的活动中，也是一个很重要的宣传手段。美国人十分热爱体育，男性观众更是如此。于是辉瑞双管齐下，同时赞助赛车与棒球赛事。例如，辉瑞用美国改装车赛的车手迈克·马丁作为代言人，广告片表现的是迈克·马丁开着万艾可赞助的赛车在车道上飞奔。这支电视广告片结束的时候，马丁先生脱下头盔说："您以为是谁？鲍伯·多尔？"另一则平面广告也采用了同样的口吻。广告语这样写道："如果你不和医生提起万艾可，将发生什么？"答案是："什么也不会发生。"赞助美国改装车赛，可以视为万艾可扩展消费群的有力一击。

万艾可上市为美国医药业提供了许多可以借鉴的经验。万艾可的成功在于，结合医药自身的特点，辉瑞为万艾可这种特殊药品设计了合情合理的整合营销方案。新品上市之后，适时地将事件营销与娱乐造势结合在一起，将普通的医药品牌转变成一个时尚的名词。

万艾可针对的性功能障碍的确是一个很敏感的话题,既可成名于顷刻,也可令积累数十年的品牌毁于一旦。辉瑞充分体现了对于专业医学传播与大众传播的精深控制力,以时尚文化为依托,将万艾可打造成了著名的处方药品牌。

唤醒美国的圆梦行动
——Breathe Right 鼻贴品牌定位战役

近年来，打鼾日益受到全球医学界的关注，经医学研究证实：打鼾是一种影响人体健康的睡眠疾病。打鼾严重者在医学上被称为"睡眠呼吸暂停综合征"。

据美国有关医疗普查分析发现：18%的人有打鼾习惯，3.6%的人患有鼾症。90岁以上的长寿老人几乎都不打鼾，说明睡眠时不打鼾、呼吸通畅可能是健康长寿的原因之一。

资料显示，目前全球每天约有3000人死于睡眠疾病，而几乎所有的患者都有在睡觉时打呼噜的临床表现。统计显示，关于睡眠呼吸暂停综合征的发病率，欧洲为1%~2.7%，日本为1.3%~4.2%，美国（40岁以上男性）为1.24%。

在美国，睡眠呼吸暂停综合征的情况也不乐观。美国针对近年来高速公路发生的严重车祸进行统计分析，结果发现，相当多的肇事司机患睡眠呼吸暂停综合征。美国于是开始对职业司机进行睡眠呼吸暂停综合征普查，并对患者进行专门的医学咨询和强制性治疗。

早在1993年，美国医学专家就呼吁"唤醒美国"，加强对于睡眠呼吸暂停综合征的防范。

随着广大民众逐渐重视睡眠疾病，治疗鼾症药品、器械等产品得到了广泛的开发与应用，具有良好的市场前景。

CNS公司（2006年12月底被葛兰素史克并购）生产的Breathe Right鼻贴是不含药物的贴片。贴片内镶有柔性的、像弹簧一样的嵌条。正确放置后，可提升患者的鼻翼，使鼻腔保持畅通，从而降低睡眠时打鼾的程度以及运动时增加呼吸量。

Breathe Right 鼻贴自 1993 上市之后，通过强大的体育营销和公关活动，精确定位打鼾的男性消费群，连续三年保持着很高的业绩增长。但是在 1996 年以后，其业务增长逐渐放缓，销售量下滑。虽然营销活动一个接一个地推出，但是该品牌的销售依然毫无转机。

经过仔细的市场调研与分析后，CNS 公司开始努力寻找目标消费群：哪些人在使用 Breathe Right 鼻贴和哪些人是可能使用这一产品的潜在人群。这两个消费群成为 Breathe Right 即将推出的品牌营销活动的突破口和主攻重点。第一类消费者是核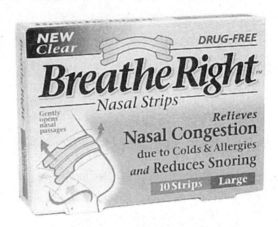心消费群：打鼾的男性消费者；第二个消费群则不同，他们通常因感冒或过敏，致使鼻部暂时不适，才想到使用相应的药品减缓痛苦。

当时的营销队伍面对着很多难题需要解决：如何使广告传播同时影响到两个差异化的群体？采取何种传播方式，是解决两者需求和细微差别的最佳解决方案？

细分两大受众群

营销队伍为此次营销战役设定了三大目标以应对市场挑战：

其一，与上一年相比，Breathe Right 在感冒多发季节至少提高 5% 的销售量，全年继续保持稳步增长。

其二，通过营销攻势，提升该品牌在女性消费者中的知名度。

其三，Breathe Right 鼻贴成为治疗鼻部不适的解决方案，建立起品牌认知度。

针对核心消费群，CNS 公司推出一个整合营销战役。

这一药品品类，80% 的市场份额来自于长期打鼾患者，他们是最终的消费者。但是他们缺乏主动改变打鼾的想法，并没有购买产品的意识，往往是他们的配偶感到该患者打鼾加重或控制打鼾失败，才去为打鼾者购买相应的药品。

偶然使用者是家庭主妇，她们的年龄通常在 25 岁至 54 岁之间。但是这些使用者不会把 Breathe Right 鼻贴用来治疗鼻部不适，而是将其看成男性用来控制打鼾或是他们在激烈运动后帮助呼吸通畅之用的药物。

策动幽默战役

营销团队对 Breathe Right 鼻贴长期使用者及其配偶的家庭进行了研究。调研结果发现，这些打鼾患者的配偶非常疲倦且在早餐时间脾气容易变得暴躁。如果配偶提出改善打鼾的希望，打鼾者愿意配合。

这个消费者洞察使营销队伍的创意策略寻找到了突破口：以幽默的广告风格演绎这种处境。在诙谐、轻松的气氛烘托下，宣传信息则全面展示 Breathe Right 鼻贴如何阻止打鼾和其工作原理。

另一项调研则定位于潜在的偶尔使用者。调研显示，女性将 Breathe Right 鼻贴视为一种古怪的产品，她们认为自己在鼻子上戴上鼻贴看起来很滑稽。如何使消费者改变这种错觉？深入的调研也使营销队伍得到了同样的解决方案：使消费者了解 Breathe Right 鼻贴的理疗过程成为宣传工作的重点，同时还要让她们认识到产品最大的优点：非药物且即时解除痛苦。这一优点使该品牌在众多的伤风感冒药品中脱颖而出并产生绝对的差异化。通过重新定位和宣传产品出色的治疗效果，营销团队全面解除了消费者试用时的潜在障碍。

确立立体宣传方案

在 Breathe right 鼻贴的营销战役中，广告成为主角，起到决定性的作用。其他的传播方式也不容忽视：CNS 公司在全国范围内针对女性消费者，在重点市场推出 Breathe Right 鼻贴的宣传单页；通过直邮的方式开展样品免费试用和优惠券活动,活动主要针对长期打鼾患者和偶尔性鼻部不适者;感冒高发期到来之时,依托户外广告和广播广告平台进行了大规模的宣传推广;体育项目的赞助与宣传也是必不可少的,对橄榄球和赛跑赛事的赞助,使品牌的知名度继续得到了很好的提升。

如何能够赢得打鼾者配偶的支持,使他们鼓励自己的丈夫或妻子尝试该品牌?这成为媒体策略的关键,在整个营销战役中处于十分重要的地位。

CNS公司购买有线电视网的广告时段,成为此次宣传活动媒体购买中的重要策略。为了迅速为品牌打响知名度,CNS公司利用高收视率的电视直播节目频频打出Breathe Right鼻贴的广告,这些广告得到了观众踊跃的反馈。同时借助有线电视网开展营销活动:通过节目向观众提供免费试用赠品、优惠券和许多产品信息。所有的活动均有效地提升了品牌知名度。

此次营销活动的效果显而易见:经过了感冒季节之后,Breathe Right的销量几乎提升了37%,全年的销量提升了10%;在营销战役开展了5个月之后,品牌知名度与战役开始前相比,未经提及的品牌知名度提升了87.5%。与此同时,该品牌广告的未提及品牌知名度提升116.7%;基于使用和认知率的前后对比研究,对于Breathe Right品牌作为鼻部充血治疗解决方案的认知度提升了56.3%。

开拓第四度空间

——葛兰素史克在线整合传播案例

在美国,医药公司的医学传播重点通常针对医生、医院等专业渠道,这也是医药营销的重中之重。终端消费者同样是医药营销中重要的环节,但是由于美国法律法规的限制,直接针对消费者的广告宣传一直进展不大。1997年,美国食品与药品管理局放宽了针对消费者处方药宣传的法规尺度,从而使美国的医药传播与营销进入全新时代。

各医药公司自从获得了更多的法律法规允许的自由活动空间之后,都在绞尽脑汁策划以更有效的整合营销策略,将产品的利益点以友好的方式传递给消费者,令他们在愉快的氛围中接受到更多的有关产品的信息。

为新产品建立相应的网站成为医药营销十分有效的传播手段之一。网络一对一的沟通方式,以及个性化的信息与交流更有利地吸引了忠诚消费者。

寻找新突破

葛兰素史克公司于1996年推出治疗哮喘的长期预防药物Flovent(丙酸氟替卡松),通过电视、印刷媒体的广告宣传收到了良好的效果。葛兰素史克公司虽然也想通过为Flovent建立网站,来加强网上宣传的力度,不过,却遇到了一个棘手的问题,Flovent的网址已被另一家软件公司于1996年注册,促销同名的软件产品。

这一事实迫使葛兰素史克公司不得不另辟蹊径,寻找全新的网上宣传方式。之后,葛兰素史克公司开设了一个名为"哮喘控制"的小型门户网站，该网站以传播哮喘病治疗方面的知识为主，同时也囊括了针对 Flovent 的介绍。

作为医药公司，推出一个以教育为主的网站，对其产品进行深入宣传，同时与目标消费群开展更有针对性的沟通及交流，是很有成效的营销方式之一。

不过鉴于葛兰素史克拥有不少呼吸性疾病类医药产品，需要开设一个整合性的网站，将所有的产品统合在一起，统一与消费群进行沟通，否则分散的宣传无法使品牌形象聚敛到更多的人气。

伞状整合策略

葛兰素史克公司采用的整合网上宣传策略，可能是出自它一直希望为 Flovent 开设专业网站的初衷。网上宣传策略的目的，一是为 Flovent 开设专门的虚拟社区集中宣传，二是使目标消费群能够方便地找到葛兰素史克公司所有用于呼吸疾病方面的产品。最终这个将其所有治疗呼吸疾病类产品集中展示的综合性网站，起到了非常好的市场宣传效果。

开设的新网站取名为"呼吸在线"，仍然采用了门户网站的形式，同时将"哮喘控制"这个单一产品诉求，转变为所有呼吸疾病咨询与资讯的汇集地。这种信息性与专业性相结合的方式，同时加入公益性的特色，更容易扩大受众群。网站不但吸引了众多真正有呼吸疾病的患者，同时也会引起对于呼吸疾病投入关注的潜在受众群的兴趣。其中分设的戒烟专区在广大受众群中产生很大的反响。

"呼吸在线"网站特别根据葛兰素史克公司的呼吸病产品的四个领域分设了四个频道：哮喘、敏感症、慢性阻塞性肺疾病和戒烟。进入"呼吸在线"之后，消费者可以点击进入一个 Flovent 专属社区，里面全部是 Flovent 的相关介绍，作用相当于 Flovent 产品的主页。消费者注册后可以定期收到四种呼吸性疾病的新闻通讯。

当"呼吸在线"网站开通时，葛兰素史克公司在哥伦比亚公司网站的《健康观察》社区里，专门赞助了一个针对哮喘病咨询的社区。同时在雅虎、iVillage 等网站投入横幅广告,以吸引更多的消费者访问"呼吸在线"网站。

  葛兰素史克此后加大在线宣传的费用,给予网站更大的支持。根据相关统计,"呼吸在线"网站的宣传活动吸引了大量的访问者,仅开通 3 个月就达到了 2000 多万人的访问量。

劝诫宣传的"叛逆"路线
——"健康的密西西比州合作计划"推广战役

"健康的密西西比州合作计划"(以下简称"合作计划")是在美国密西西比州全州范围内推出的大型公益宣传活动,活动的主旨是劝诫青少年戒烟。

"合作计划"面对最严酷的挑战显而易见:90%的吸烟者从18岁之前已开始吸烟,这说明烟草业消费群日益低龄化。

烟草行业的从业者很清楚,尼古丁(烟碱)是一种使人上瘾的麻醉品,从其诱人成瘾的程度上看,尼古丁可以与海洛因相提并论。这种特别之处,令烟草在进行合法销售时,处于一个十分独特的地位。

近年来,烟草公司发现,未到法定年龄的吸烟者将对销售具有重大意义,它们对这些青少年展开了周密且细致的市场营销活动。烟草公司从一开始即通过促销活动为产品打上了年轻的印记:"叛逆"、"酷"和"性感"。通过这些时尚诉求,让青少年感到只有吸烟,才证明自己已长大成人。

"合作计划"建立的目的是,劝诫更多的青少年放弃吸烟的打算。不过,让这些相信自己是无可战胜的青少年认识到吸烟对未来健康造成可怕的后果,实在太困难了。而且任何暗示都必须非常小心,青少年喜欢用自己的体验反驳成年人的主张。例如,他们会反问:"如果你们认为吸烟是一件落伍且愚蠢的事情,为什么学校里最酷的人都吸烟呢?"

当然,"合作计划"的执行机构每年以区区600万美元的经费,开展反吸烟的系列活动,以对抗烟草业这个每年花费1320亿美元用于推广的产业,确实显得势单力薄。

叛逆态度也是情感诉求

这个宣传战役的目的十分简单：降低密西西比州青少年的吸烟率。

这些孩子的年龄在12岁至17岁之间，他们正在经历从孩子到青年的过渡期。"合作计划"的执行机构称这个年龄为"叛逆时期"。因为从此时起，这些孩子成为青少年，如同蹒跚学步小孩子一样，开始追寻自己的独立自主性和个性化。

他们中大多数人开始反对父母与其他权威的观点，同时渴望被同龄人接受。处于"叛逆时期"的年轻人正在寻找自己在社会中扮演的角色和在社会中适当的位置。按照"合作计划"的看法，烟草公司长期以来一直利用青少年的叛逆精神，"发展"他们加入新烟民的大军。

"合作计划"的执行机构召集密西西比的青少年一起参加座谈会议。从座谈中，营销队伍了解到了几个重要的问题：

其一，青少年对于明显定位"青少年"的宣传方式，不感兴趣，他们能够迅速识破任何"装酷"的行为；

其二，青少年心中充满怀疑，反对权威性的观点和数据，他们喜欢遇事问个"为什么"；

其三，青少年对自己认识到的事实，会记住它们，特别是那些让他们兴奋的事实；

其四，不要企图征服青少年，他们对待事情，会自己作出判断。

基于以上事实，营销队伍创造出了一个基于事实的宣传战役，强调"质疑一切"。这个宣传活动向青少年介绍有关吸烟的风险和烟草业如何利用多重营销策略吸引他们成为烟民，同时鼓励青少年对被烟草业锁定成为目标受众群这一事实提出"质疑"。

广告文案开门见山，直陈事实真相："烟草每天杀死1.1万人。尼古丁像海洛因一样使人上瘾。因吸烟致死的人中10个有9个从高中时就开始吸烟。"这个营销活动采用青少年喜欢的"叛逆"态度进行诉求，敦促这些"叛逆时期"的孩子远离烟草。

"质疑一切",认知事实

"合作计划"尽一切可能,对青少年进行大规模的宣传。在整个密西西比州,体育赛事、音乐会或节庆活动之后,都会看到带着"质疑一切"标识的宣传车出现在现场。司机现场派发带有"质疑一切"标识的T恤衫、帽子、不干胶贴纸和宣传单页。单页里详细介绍了烟草的危害以及烟草公司广告的宣传策略等情况。

另外,"合作计划"发动一个大型公关活动辅助整体宣传战役在全州以及全美范围内扩大影响。

电视成为主要宣传媒体,无线和有线电视网都得到有效的利用,电视媒体对细分受众起到了强有力的推进作用。次要的媒体选择了广播、户外和在线宣传等形式。

"合作计划"投入了600万美元的预算,其中480万投向了媒体,而烟草业投向媒体的宣传费为1320亿美元。宣传信息的传达过程中,美化烟草业的形象广告不可避免地与宣传活动正面交锋。另外,为了给青少年观众留下更为深刻的印象,"质疑一切"广告片与其他的商业广告一齐播出,其中也包括与烟草公司劝诱青少年加入烟民队伍的广告同台亮相。

在两年时间内,美国"密西西比州青年人吸烟调查"的数据显示,"质疑一切"在全州范围内有效地逆转了青少年吸烟的态势。报告显示,在公立高中,吸烟青少年下降了10%;在公立初中,吸烟青少年下降了21%。

与美国其他州的反吸烟宣传战役相比,这个宣传战役的效果是非常明显的。

其中一个名为"戒毒"的特别推广活动值得称道。四个青少年吸烟者被"关闭"在公寓整整一个星期,期间不允许吸烟,他们生活起居的情况在网络上进行直播。为配合活动,营销队伍启动了一个电子邮件营销战役,同期推出的广播广告活动则对这一活动进行了有力的支持。短短的7天时间内,网站得到了400多万的点击率,全美范围内的媒体对此给予了关注。"戒毒"活动在《今日美国报》、《新闻周刊》、全美公共广播网、哥伦比亚广播公司的《早间节目》和全美广播公司的《今天节目》上进行了报道。

"质疑一切"宣传战役证明，广告能够有效地将烟草危害健康的事实传达给青少年，让他们知道自己已被烟草业锁定。在全美范围内降低吸烟率的努力取得了最佳的效果。

第三章

美国传媒业营销

第三章

大自然的魅力

"这不是电视,是 HBO"
——HBO 频道的特色营销案例

HBO 是美国著名的电影频道,全天 24 小时不间断播出最新公映的影片以及获奖电影作品,深受观众喜爱。

1999 年,HBO 推出营销战役以推广原创系列剧,这也是 HBO 频道经营走向成功的至关重要的一步。

2000 年,HBO 继续沿用 1999 年推出的名为"这不是电视,是 HBO"打造品牌形象的主题营销战役,不过重点更侧重于营销特色节目上。这个策略上的改变为 HBO 带来了两个大获成功的电视连续剧——《黑道家族》和《欲望城市》。

当 1999 年《黑道家族》第一季推出以后,其热闹、欢快的情节受到观众的一致赞扬。HBO 决定以更强大的营销宣传攻势,促进第二季的成功。

HBO 在 2000 年经营业绩颇佳,与 1999 年第二季度相比,2000 年的用户增加了 300%;当系列剧《黑道家族》放映到第二季的时候,HBO 的用户已经增长到 30.5 万。

HBO 充分利用一系列的宣传活动,为频道塑造了强大的品牌形象,实际上这一切都归功于营销部制订的整合节目营销计划。整合节目营销计划从节目内容的策划到频道再到地面的平面广告、户外广告等所有能够与观众建立起品牌关联的突破点,进行集中整合。不论是印刷媒体(杂志),还是户外广告牌,都被巧妙地结合在一起,有机地始终如一地传播,同时最大化地运用其边缘效应进行扩大化宣传。

定位目标观众群

首先,这一系列营销战役最大的目标是,吸引更多的用户加入 HBO。

核心目的不仅是扩大该节目的知名度与提高收视率,更重要的是强化电视频道的品牌形象。所以从电视剧《黑道家庭》的推广开始,电视剧的名称《黑道家族》即与 HBO 捆绑在一起。期间推出了一支"只有在 HBO"的电视广告;平面广告的广告语则是"这不是电视,是 HBO"。这在当时看来是一个很冒险的营销宣传方式,而且这种形式贯穿于所有使用的媒体之中,不过最终的结果使 HBO 深受鼓舞。

《黑道家族》是美国近年来颇受欢迎的一套反映黑道题材的电视连续剧,在美国有很高的收视率,并且多次获得金球奖和艾美奖。这部连续剧讲的是,新泽西州的黑帮老大东尼·索帕诺患上了忧郁症,他去看心理医生,从而揭出了一段鲜为人知的新泽西州黑道家族的生活与恩怨情仇。剧中东尼·索帕诺自称是"废弃物处理顾问",开设一间垃圾处理厂,实质上在为犯罪集团从事贩毒、赌场等各种生意作掩护。

这部剧最为引人入胜的一点是以黑道家族为故事主角,演绎出无数个普通家庭遇到的普通烦恼。

广播战役打响知名度

2000 年,HBO 策动了一个名为"重组家庭"的营销战役。HBO 在自己的频道、其他的有线频道、印刷媒体和户外,以及地区性广播电视台和有线网，为《黑道家族》投入了多达上千万美元的宣传费用。这大概是 HBO 为单独的一个电视剧投入营销预算最多的一次。

在整个宣传战役中，线上即广播电视媒体形式和线下传统的广告宣传媒体相结合，从一切可能影响观众群的接触点入手，为他们编织了一张无处不在的宣传网。

HBO 在广播电视媒体的线上宣传以迅速树立起强大的知名度为目标，采取了高覆盖率的电视网和不同寻常的推广方式。

电视广告主要投放在 1999 年圣诞节周末的橄榄球赛和纽约周末的保龄球比赛上。

13 集的《黑道家族》原声录音剪辑通过电台向全美转播；体育节目的主持人也在节目里大谈《黑道家族》；音乐台播放《黑道家族》相关歌曲……不管什么时候，所有的宣传平台都在讨论《黑道家族》，同时也会提到 HBO。

线下流行文化营销攻势

HBO 不断加大线下的宣传力度，它知道自己无法像美国全国广播公司等老牌公司那样，拥有很多非常有价值的黄金时间档。不过，依托强大的传统媒体攻势以及结合有线频道内的节目推广宣传，HBO 仍然提高了美誉度。

为了给 2000 年 1 月推出的《黑道家族》第二季的播映营造更大的声势，HBO 策划了大型的直销战役：寄出了大约 5000 万封信件；由地区性的本地电话经营商做了 2000 万次的电话营销。

户外宣传无处不在

HBO 的地面推广宣传攻势首先从户外媒体开始。户外广告采用的照片全部请著名摄影师艾伯特·沃特森拍摄。沃特森以黑白照片的形式表现了《黑道家族》主演们平易近人的形象。新千年伊始，HBO 购买了纽约时代广场的户外广告位置，同时购买了好莱坞日落大道的一块墙面，作为补充宣传。此外，HBO 购买了 8 个美国主要城市的公交车候车亭的广告位置，将它们变成了小型图片的展览。沃特森先生拍摄的演员个人的照片，则以随意卡的形式分发到餐馆和电影院，HBO 还将随意卡作为插页加入《娱乐周刊》，随刊发行。

HBO 针对重点放映城市进行了全方位的宣传：HBO 的营销队伍购买了公交车车身广告位，让《黑道家族》的海报随着车身走遍大街小巷。为了尽量引起观众的兴趣，HBO 将《黑道家族》剧中真实场景复制到户外广告里，通过户外广告的长期曝光逐步诱发观众的兴趣。

为了让观众慢慢熟悉电视剧的情节，HBO 推出了汽车之旅路演活动。剧中的东尼·索帕诺开设了一家垃圾处理厂，HBO 特别找来一辆垃圾车，按剧情进行加工处理并在车上刷上东尼·索帕诺垃圾公司的标识。HBO 在正在放映的 30 个目标市场，进行了《黑道家族》电视剧汽车之旅活动，最初以纽约地区为基础，扩展到其他的一些城市。这辆巡演垃圾车整整路演了一个月，电视剧开播前后，主要放映城市都会见到巡演车。另外，这辆垃圾车还安排在 2000 年亚特兰大的"超级碗"橄榄球决赛和一些 NBA 比赛上亮相。

通过一系列的信息渗透，观众的兴趣慢慢被培养起来。2000 年 2 月 14 日《黑道家族》开播，收视率排名成为晚上 9 点付费节目娱乐时段的第一位。

平面宣传吸引关注度

为了使广告引起更大的关注与轰动，HBO 没有使用单页杂志广告——因为那样效果不大，而选用了高知名度的杂志投放跨页和拉页广告（例如《名利场》），这样做为《黑道家族》吸引了更多受众的关注。

营销团队编写与硬广告诉求一致的宣传材料，广泛散发。例如请《纽约客》的漫画家绘制了以《黑道家族》为主题的卡通画，并以明信片的形式夹在《纽约客》里随刊发送。

口碑传播预热市场

HBO 品牌传播的定位完全围绕着一句广告语："这不是电视，是 HBO。"不论是在创意执行，还是媒体策划的执行，所有的一切事情都围绕着强化品牌的整体构想。核心的思想是 HBO 比其他电视台给观众带来更好、更多的娱乐享受。

当娱乐营销处于最佳境况的时候，往往需要引入另一种更具有"病毒"特色的营销模式：口碑传播模式，以强化整体宣传效果。经过长时间充分曝光，HBO 的品牌形象已在观众中产生了足够的影响力。

HBO 另一个增强品牌形象的方式是新剧的秘密预演。2000 年 1 月 5 日，《黑道家族》第二季的第一集在纽约齐格菲尔德剧院进行秘密预映，吸引了 1000 多名观众。这种预演活动在全美市场做了 25 场，效果十分理想。借助先期观众的口碑，影响到一定数量的观众。同时秘密地预演，使更多的观众对于该剧的情节非常期待。

经过一段时间的渲染，观众已经很渴望看到《黑道家族》了，对这个连续剧有着极高的期待，促使《黑道家族》播出后收视率名列前茅。

成功扩容

《黑道家族》的播出产生了不同凡响的效果。HBO 的运营人员称,全美的有线运营商表示自从《黑道家族》播出后,许多用户加入了 HBO。HBO 网站上可收看《黑道家族》,因此该网旋即成为最热门的网站之一。

据统计,HBO 在 2000 年的收入达 18 亿美元,比 1999 年时的 17 亿美元提高了近 6%。《黑道家族》则是电视网里收视最高的节目,它的收视率增长了 64%,市场份额达 13.6%~18%。

HBO 的营销负责人称,他们仔细研究了一些大型拳击比赛、电视剧等原创节目的成功营销战略,从这些成功范例中汲取了许多创作独创性节目的经验。

HBO 将《黑道家族》的经验推广到其他的节目,这些节目也采用了同样的策略:例如小型系列剧《如果这些围墙会说话 II》,以及一个 60 分钟的关于监狱的喜剧 Oz。

《欲望城市》 再创佳绩

《欲望城市》是 HBO 推出的另一部热播的连续剧。该剧讲述了发生在纽约曼哈顿的四个单身女人身上的故事。她们事业成功,却都面临共同的问题:在这充满欲望和诱惑的都市里,如何寻找真正的爱情和归宿。《欲望城市》剧中大胆展现了性爱话题,也使该剧更具吸引力。

《欲望城市》的宣传更具特色。HBO 在一些即将推出《欲望城市》的城市的酒吧和俱乐部,借用《欲望城市》一剧的名义召开大型的聚会活动。这一做法,旨在吸引更年轻的观众,传统上这一观众群是最薄弱的环节。

HBO 频道内的电视广告片,表现的是女主演莎拉·杰西卡·帕克率领着其他"城市"女性在街头大摇大摆地走过,魅力十足。几名女子身后是纽约市的街景,音乐使用了迪斯科乐曲《更多、更多、更多》;同时推出了简洁的平面和户外广告，广告语是"寻找更多的刺激，准备好了吗"。

从收视率来看，平均电视剧的收视率为8.9%，《欲望城市》的收视率则上扬了25%，其市场份额为13%。

两个电视剧在观众群中产生的积极影响，使HBO比以前更有能力吸引更忠诚和层面更宽泛的观众用户群。

以前只有男人才看HBO频道，主要是为了看拳击节目。现在则是男性观众去看《黑道家族》，女性观众去看《欲望城市》：HBO拥有了更为稳固的观众群。

HBO不会错过任何可以对观众施加影响、与他们进行沟通的公关机会，以确保HBO的品牌得到全方位塑造。HBO举行了一个为期8个月的娱乐公关活动：《黑道家族》开播的同时，主角即出现在美国《娱乐周刊》的封面上；推出《欲望城市》的时候，其主角同样上了《电视指南》和《时代》的封面，女主演莎拉·杰西卡·帕克还成了《人物》杂志的封面女郎。《娱乐周刊》、《电视指南》和《时代》都是HBO的母公司时代华纳旗下的著名杂志，对于兄弟媒体的充分利用为HBO赢得了更多的知名度。

生与死的终极游戏
——《生存者》真人秀节目整合营销战役

娱乐节目是商业电视提高收视率的成功关键。如何调动起观众的兴趣,始终赢得他们的关注,打动他们的心,是各大电视台面临的最大挑战,也是最大的机遇。传统的惊险刺激、恐怖的场景,悬妙、离奇的故事情节,是各家电视台锁定观众眼球的法宝。"内容为王"是一个不变的主题,关键是谁能够率先推出相应的富有创新性的节目。

当众多电视台为了吸引观众编造大量引人入胜、曲折离奇故事的时候,观众又因熟悉人为编制的老套情节而感到乏味,只有耳目一新的东西,才能重新提起他们对于电视的兴趣。于是2000年,一股"真实电视"的热浪席卷了欧美各大电视台,《老大哥》、《阁楼故事》等风行起来。这些节目真实地再现了参与者的原态生活情景,再加上"票选淘汰"环节,增添了比赛的残酷性。选手们为了顺利过关,不惜结党营私、相互背信弃义,以求自保,不过这些都是室内版的。由美国哥伦比亚广播公司(CBS)于2000年6月推出的大型野外真人秀电视竞赛游戏节目《生存者》,则完全是一个野外生存游戏,以蛮荒的大自然作为游戏场。

精心筹划，广告前行

哥伦比亚广播公司为了推出该节目，前期营销运作近1年的时间。

当时，CBS决定创作一档投资较大的原创节目，并采取以广告收入充抵制作费用的形式。设定节目方向后，CBS立即开始征集题材：节目必须极具创新且卖点诱人，这是招徕较高广告投入的先决条件，突出原创性成为重中之重。

当各种各样的题材与选题收集上来之后，CBS进行了仔细的斟酌和权衡，最终纪实电视导演迈克·贝纳特构思的《生存者》幸存了下来。这是一个典型的"游戏剧"，主题构想是将16个素昧平生的男女放逐到一个荒岛上，他们将面临各种各样的困难与挑战，为了生存，他们不得不吞食昆虫、鱼类，每一集都将有一个生存者被投票淘汰出局，最后幸存下来的那名生存者将获得100万美元的奖金。

具体的游戏规则是这样的：这16名男女参与者被分成两组，安排到一个原始岛屿上，没收随身携带的物品，每天的食物配给只有一把大米和两个罐头。为了填饱肚子，他们必须捕猎老鼠、野兔，钓鱼或捕捉其他动物为生。每隔3天，他们将前往指定地点接受某种考验，比如生吃虫子、潜泳取物等，

获胜一组会获得奖励。并且各组进行一次投票，各选一名成员淘汰出局。当两组总共只剩10人时，合二为一，继续进行每天的渔猎和生存考验，并每天淘汰一人。游戏的最后3天，所剩3名选手进行最后的角逐，已被淘汰的7名选手将组成评审团，决定谁是最后胜者。经过39天的生存挑战，

最后的幸存者可以获得100万美元的奖金。他们的生活过程由节目组全程实时跟拍，不仅制作成每周一小时的电视节目，还把节目放到互联网上供人们随时收看。这16人无时无刻不经历猛禽走兽以及恶劣天气的挑战，"生存"下来实属不易。

这个主题构思具有巨大的诱惑力与轰动性：普通百姓的参与，非职业演员，真实的表现；野外实地拍摄，面临生理和心理的两重挑战：要觅食，吃饱肚子，在大自然中面临凶猛动物的威胁；同时施展交际手段，拉帮结党打击别人，保全自己。挖掘处于绝境的人的心灵中的自私，也不失为一个卖点。

CBS自信能够招徕足够多的各个品类的独家广告赞助商，资助与支持节目昂贵的制作费用。为了使该系列剧尽快启动，CBS最初开出的有些令人咋舌的高额广告报价，也算令广告主能够承受（每一个广告套装为370万美元），CBS将为赞助商在节目中提供一个非常好的植入式广告位置，同时给予这些赞助商在自己的广告里使用《生存者》人物形象的独家授权。另外，CBS还策划了一个规模空前的多媒体营销与公关活动的协同宣传活动，全方位渗透《生存者》的剧情，最大限度地引起轰动。

CBS的营销人员称，赞助商为一个不知前景的节目投入如此大的一笔赞助费，确实需要具备一定的前瞻性和决心。不过后来证明《生存者》是电视业历史上利润最为丰厚的节目之一，也是少有的几个比预期要火暴得多的系列节目。

CBS的营销队伍从1999年6月开始寻找赞助商，到10月已经有百威淡啤酒、爱立信电话、通用汽车的Aztak汽车等9名厂商加盟，成为合作伙伴。这几家赞助商以前都分别与CBS合作过，或是该品类的独家赞助商，或是投放剧中的植入式广告。不过像这次几大厂商同时赞助一个系列节目，以前从未有过。

《生存者》自开播后，一路走红，火遍全美。所有的赞助商都从《生存者》的巨大成功中，获得几倍于广告费的利益回报。《生存者》播出的第二周，即成为全美收视率第一名的节目，而最后一集更创下收视高峰，家庭收视率高达28%，估计全美共有近44%的家庭、5800万人收看了《生存者》节目。

有一些赞助商还要更幸运：塔吉特零售店创造性地给这些生存者提供了一个画满了塔吉特零售店标识的降落伞。降落伞出现的情节设计为被参加节目的演员们偶然发现的，并被他们改造成遮风挡雨的庇护所。该零售店的品牌形象得到了极大的提升。

塔吉特的降落伞并不是剧本里写出来的。赞助商在这个系列节目中，可以利用许多机会为求生者提供帮助，不失时机且恰如其分地展示自己的产品。

在《生存者》推出前，CBS开足马力为其运作了近9个月的时间，吸引了尽可能多的潜在演员，也吸引了更多的观众。

制造活动轰动效应

CBS动用了16个直属电视台及100多个附属的联播电视台一起行动进行《生存者》的前期宣传造势，另外在十几个黄金档的广播节目中推出联合宣传，最大限度地提升《生存者》的知名度。然后通过海选演员，为入选演员进行造势宣传，这也是迅速提高《生存者》知名度的主要宣传手段。

前期海选活动吸引了来自全国数以万计的群众演员参与面试，各地的人们开始对于《生存者》到底是怎样的节目产生好奇。当16名演员的人选最终确定后，CBS在下属的电视网开始播映竞赛选手的专题片，在电视节目里披露故事情节。同时在全国性的报纸、杂志上进行大规模的宣传活动。

节目正式播出之前，每一位参与者都在家乡接受了当地媒体的采访，借助他们的口头传播再次为《生存者》进行渲染。该系列节目播出之前，已经吊足了观众的胃口，紧紧地抓住了观众的猎奇心理。

CBS 与每一位参与的演员签约，得到他们的第一采访授权。这个采访权是指，在他们随着剧情的发展被淘汰之后，将作为追踪报道嘉宾出现在 CBS 电视网的其他谈话节目里，以及在 CBS 的母公司维亚康姆公司所辖的 MTV、VH1 等频道参加相关的节目，继续扩大《生存者》的影响和提高全公司的知名度。

CBS 对于新闻宣传也投入重兵。传统的做法是，由一个新闻发布官负责每期节目的公关宣传活动。而这一次 CBS 派出由 6 名新闻发布官组成的联合新闻发布组，公布消息以满足媒体的需求。

网络宣传强化效果

与此同时，CBS 为一些非正式授权的网站提供了大量与《生存者》有关的信息资料，为《生存者》呐喊助威。这些网站对于《生存者》的全面介绍，起到了十分积极的作用。

CBS 营销部的负责人说，每一位赞助商都为《生存者》增添了创新与魅力，因为每一项植入式广告均求新出奇，充满了娱乐性。所有营销手段的整合，带来了《生存者》节目最终的成功。

让财富变为成功的代名词
——美国广播公司节目宣传案例

美国广播公司（ABC）自20世纪90年代中期，一直期待策划出一些新颖且具有巨大吸引力的节目，使ABC在观众的心中占据一个十分有利的位置。营销部通过潜心研究选题，推出了一系列针对不同受众的节目，特别是在黄金时段推出深受欢迎的益智游戏节目《谁想当百万富翁》（以下简称《百万富翁》），使ABC的收视率跃居美国电视网的前列。

确定目标观众群

ABC营销部门一直在摸索观众到底对何种类型的节目感兴趣，如何做才能打动他们，这些潜在的目标观众群到底包括哪些观众。经过不断的研究，他们认为与其他的电视网相比，ABC的节目能够覆盖与渗透到更纵深的观众层面，并且储备了丰富的、类型繁多的节目片源，可满足各层面观众的需求。

ABC的营销战役打响之后，确实令观众兴奋不已，表现出对于节目的空前热情。

ABC首先针对不同的受众推出不同的节目。例如，ABC推出的一组星期五的特色节目，包括《萨布丽娜：青少年女巫》、The Hughleys 和《男孩闯世界》，主要观众群是年轻人；《星期一晚间橄榄球赛》吸引的主要是男性观众；《一次又一次》则吸引的是女性观众；而《正像你知道的那样》之类的喜剧则适合所有观众的口味。

不过，ABC策划的游戏节目《百万富翁》所达到的效果是无可比拟的，它深深吸引了众多观众，让他们忠诚地坐在电视机前，收看每期的节目。这个1999年7月开设的每周三次的游戏节目，连续几个星期收视率非常高，每次收视观众将近1500万人。游戏的规则是这样的：要求参加者回答15个问题，第一题奖金是100美元，以后每题翻番，全部答对者可获得100万美元奖金。参赛者预先通过初选才能获得入围资格，再经过复选激烈地角逐，胜出者才有资格正式上台回答主持人提出的选择题。这些问题包罗万象，涉及史事以及现实生活的诸多方面，还会出奇地问一些时下流行的问题，如明星逸事、俚语俗语等。

突显节目特色

ABC利用《百万富翁》的游戏节目创造一片灿烂的天地，在充斥着喜剧与令青少年迷恋的神话剧的时段中，为自己赢得珍贵的收视份额。

"每周三个晚上都有一位美国新星诞生"，成为这个节目设定的品牌传播宣传战役的核心口号。

这些宣传采取了十分特别的方式。ABC在其宣传中，使用了强烈的黄色调以产生强大的影响与冲击力。例如，《百万富翁》的平面广告，以黄色为背景基调，黑字文案为："请继续关注。我们将揭晓最后的答案。"

1999年11月19日，超过2190万的《百万富翁》的观众见证了约翰·卡彭特这位第一个赢取100万元大奖的得主。获得胜利不久，卡彭特先生即荣登《人物》的封面，并出现在戴维·拉特曼最新节目中，为《百万富翁》制造更多的影响。

ABC宣布《百万富翁》到2000年1月吸引了3540万的观众，这是自

ABC电视台于20世纪80年代播出《替罪羔羊》后从未出现的高收视率。

根据A. C. 尼尔森公司的数据，从《百万富翁》1999年8月16日首播，至8月29日结束之时，其在18岁至49岁的成年人中的收视率增长了130%，在所有的观众人群中收视率增长了120%。

ABC也许没有意识到，《百万富翁》又一次推动了电视的潮流。CBS、NBC和福克斯也在黄金时段推出了游戏节目，这种游戏节目在20世纪50年代的美国荧屏上曾经十分流行。

ABC的营销部门说，该节目营销成功的关键，是比其他电视网做出了更多的创新，制造了更加咄咄逼人的气势和投入了更多的金钱。

自我宣传特色一致

ABC每年制作8000支自我宣传的广告。ABC广告部负责人说，大多数节目宣传片都是以明星为主角，他们露露面，做做游戏，电视台的标识始终相伴左右，或是让他们在电视台的标识前接受采访。这种宣传最重要的是，不会使观众感觉到他们是在收看ABC的硬广告。宣传片从音乐、对话和构图风格，都采取了反电视的风格。

线下创新营销

ABC的营销队伍创造出了多个捆绑宣传战役以吸引观众。为了推出针对二十多岁的观众的戏剧节目《荒漠》，营销队伍使用了病毒式营销的手段。宣传广告非常简洁醒目，在海滩写上简单文字，并与"星期四收看ABC"的广告语同时出现，使节目品牌与ABC公司品牌进行统一宣传。

另一个病毒式营销策略是在街头自动售货机和咖啡店的咖啡杯上印上电视节目的标识，如《旋转都市》和《实践》等节目；在水果上也粘上标签，提醒观众收看《20/20》节目；同时街头自动售货机的遮阳伞、酒吧的玻璃杯和公共汽车站的长椅和候车亭的广告位也成为此次传播策略的重要展示媒体。

新节目的推广也引入了公关活动、ABC 网站的网上聊天室等多样化宣传渠道。比如在 ABC.com 的网上聊天室，影迷可以对明星提出一些问题，并与之互动交流。

采用更创新、更前卫的营销组合，才使 ABC 的经营不断取得新的胜利与成功。

"正义与罪恶"是高收视率的最佳增效剂
——美国法庭频道经营案例

法庭频道目前异常红火,用户的增加已经证明了这一点,近几年新订户增长了37%。

法庭电视频道所有日间节目的收视率均大幅提升,而且黄金档时段的收视率也有所上升。收视率的提升,最主要的是法庭电视通过形象上的巨大改变,博得观众们深深的喜爱。原来整个频道都是一副呆板面孔,节目单调、缺乏变化,让观众感到看该频道的节目完全是在面对一个严肃的法官。后来通过整体形象的改变,节目的内容贴近了观众的需求,形式也活泼了许多,使观众、广告主和有线网运营商都满意,那么他们的营销诀窍是什么呢?节目是成功的关键。

创新编排

法庭频道依照自身的特点,吸引了特定的观众群:对于美国司法政策偏好的观众,对于最新热闹的官司案例感兴趣的人……凡是对于法律有兴趣的人,都将列为目标观众。

法庭频道最终深深吸引观众的法宝,还是其内容。他们依照观众的不同特点与收视习惯、年龄等诸多因素进行调研。根据结果,法庭频道对时段节目进行更新调整,并对黄金时段重点栏目做出重大改版。

进一步提高日间节目质量,也是法庭频道改革的重点之一。从星期一至星期四,特别推出了分析即时发生案件的节目《卡尔现场》;星期五则播出了深层剖析案件的节目《好莱坞与犯罪》。这两个节目正好安排在新闻报道和黄金时段之间的过渡时间段。

黄金时段引入了一个非有线电视网制作的节目组合，包括与犯罪、司法相关的原创戏剧故事、纪录片和专题。系列剧与专题能够很好地满足观众对于犯罪现场再现类节目的需求。为了使这些黄金档节目能够吸引足够多的观众，法庭频道首次针对《审判日与无眠夜》节目推出了一个宣传战役，针对性地选择主要的电视市场，投放户外广告与平面广告。

像法庭频道这样非常专业的频道，请来著名的电视记者凯萨林·卡尔和著名律师艾伦·德肖维茨、阿尼塔·希尔加盟，也是吸引住更多的观众的卖点之一。

这一系列变革推出后，效果显著。几个节目观点犀利，颇受欢迎。而且法庭电视频道为了节目制作储备了近1.4亿美元的资金。更重要的是，法庭电视频道在观众群中树立起更为完美的形象。根据法庭电视频道的统计，年纪在18岁至49岁的观众层中，观众人数提高了51%，而且法庭电视频道也将自己的广告主的数目增加了近一倍，尤其在娱乐和医药等方面的广告主有了很大的增加。

电视节目分析师说，法庭电视频道不再是透过镜头看罪犯的频道，它有了自己的个性与特征。它在流行文化里面，渗透进具有正义感的前瞻性观点，这是一个多平台的实践：一些正在其他地方发生的事情，会突然呈现在法庭频道上。

传媒专家分析，法庭频道非常成功，不仅编排、策划出精彩的节目，而且跑马圈地式地开拓了大片的疆土。但是从电视网营销的角度上看，专业频道需要做出更精彩的节目或是设计更好的节目计划，提高收视率，同时必须争取到更高层次的受众群。

品牌意识

法庭频道宣传的目标是影响观众群，引起他们的兴趣，并且使法庭频道成为主流文化的一部分。为了这个目标，法庭频道与《早上好，CBS》、美国广播公司的《夜线》、全国广播公司的《子夜》，以及在纽约的ESPN

和 WCBS 结成了战略伙伴关系。

法庭频道的做法异于寻常，此前还没有一家有线电视台与有线广播网络建立如此紧密的联系。法庭频道负责人解释说，这是互惠互利的关系，共同拿出资源进行细分，使资源充分利用，将收到最好的效果。

法庭频道还将自己的品牌扩展到了虚拟的世界，相继收购了两个与法律相关的网站。这两个网站与法庭频道的网站合并，实现了 600 万的页面浏览量，比上一年提高了 303%。

第四章

美国娱乐业营销

《女巫布莱尔》如何引爆票房炸弹

《女巫布莱尔》被誉为1999年美国最恐怖的恐怖电影之一。观众第一次观看时，从头看到尾简直是不可能完成的任务：情节不知所云，三个年轻人自说自话地在森林里游荡；镜头过于简单随意，没有任何吓人的鬼怪出现，让人无法把它与恐怖片拉上半点关系。这可能也是东方人看到该片的一个普遍的感受。

美国好莱坞模式的恐怖电影通常不是这样的。著名剧作家的精巧构思，大牌明星云集，大制作、高投入，再加上高科技制作的支持等，这些无疑是好莱坞典型高回报大片的必备要素。影片的故事惊心动魄，极具视觉冲击力，恐怖场景与吓人的神怪层出不穷，包括各类超自然的吸血鬼、僵尸、外太空异类等，巨额的投资、精心编排的追杀场面、以假乱真的化妆造型、情节紧张令人屏息……

当《女巫布莱尔》在美国上映之初，一些媒体采访了从影院出来的观众，他们的第一感觉是，刚才看完似乎没有感觉，但是紧接着会感到异乎寻常的恐怖。

《女巫布莱尔》确实是一部令人魂飞魄散的惊悚片，同时也是好莱坞至今为止低成本电影中收益最高的影片，赢取了1.4亿美元的票房收入。

超低成本的票房炸弹

《女巫布莱尔》只是美国桑丹斯电影节上一部不起眼的独立制作的影片。

1981年，罗伯特·雷德福将其为独立电影人创办的美国影展搬到美国西部的帕克市，并于1991年将美国影展正式更名为桑丹斯电影节，从此这座小城荣升为美国电影青年心中的圣地。

桑丹斯资助独立制片、剧作家、作曲家及另类的艺术团体，开设大型交易市场。在每年放映的几百部影片中，多数是年轻导演的处女作且许多电影的制作费用仅有几千美元。《女巫布莱尔》是从桑丹斯电影节上杀出的一匹黑马，以区区2.5万美元的成本换来了1.4亿美元的惊世骇俗的票房佳绩，从而也引发了桑丹斯电影节的淘金热，大家都希望在这里再发现第二个《女巫布莱尔》。

新颖的纪实风格

《女巫布莱尔》的剧情并不复杂，不过却是一部令人感到难以琢磨的电影。故事是这样的：

1994年10月20日，蒙哥马利大学电影系的三位学生海瑟、乔舒亚与迈克尔为完成实习课题，来到马里兰州的伯基特维镇拍摄一部与布莱尔女巫有关的纪实性电影。据说，此女巫经常出没于该镇的黑山森林里。三人所携的器材为一架16毫米镜头电影摄影机、一台Hi-8型录像机以及一台数字录音机。他们首先访问了一位自称遇见过布莱尔女巫的老妇人玛丽·布朗，布朗老太太向他们讲述了有关女巫的故事。

第二日，海瑟等三人前往黑山森林的棺材岩一带搜寻与女巫有关的资料。不经意中他们弄丢了地图，在林中熬过了七个阴森恐怖的昼夜后失去了踪迹。此后，警方发动大批人力在黑山地区进行搜捕，最终一无所获。

1995年10月16日，马里兰大学考古系的学生在此林区的一间很隐蔽的小木屋里，发现了一个埋藏在地下的帆布包，里面装有11盘黑白电影胶片、10盘录影带以及海瑟生前的一本日记，这一切揭示了他们神秘失踪的真实原因。

片中大部分场景都为黑白片场景，加上许多情节都在黑暗中进行，这样更给观众极强的现场感。虽然影片通篇没有任何幽灵、怪兽、女巫登场的镜头,甚至也没有渐进式、扣人心弦的背景音乐渲染气氛,但它自始至终让观众内心充满了一种难以名状的恐惧感,这也说明本片在紧抓观众心理方面的确有其独到之处。

这部仅2.5万美元的低成本独立制作的影片,由两个无名的年轻导演丹尼尔·迈里克和埃达多·桑切斯摄制完成。电影本身就像个纪录片,为了确保影片的纪实性,片中主要人物一律用演员的真名。三个年轻的演员进入丛林过上一周的野外生活,电影拍摄时并没有剧本,每天按照导演的书面指示完成一天的拍摄任务。拍摄结束后,导演根据提供给演员的提纲,剪辑完成了这部电影。

文化与网络多重渗透

当时两个年轻的导演带着影片到桑丹斯电影节参展时,被艺匠娱乐电影制片公司看中,以110万美元购下。

然而这部既没有著名影星,也没有流血、暴力场面的电影,却成为对财富的一次最完美的嘲讽,并被一些影评家誉为1999年美国全年最恐怖的恐怖片。艺匠娱乐电影制片公司于1999年7月电影的首周放映收获了2900万美元的票房,最后该片全球收益突破了2亿美元的大关。

1999年的夏季档期都是《幻影危机》、《西部狂野》这样的主流电影公司的大制作电影,艺匠娱乐电影公司的宣传预算相形见绌。在这场麻雀变凤凰的戏法中,艺匠娱乐电影制片公司使用了数字包装的杀手锏——互联网,最终奠定了胜局。

《女巫布莱尔》的成功恰恰是对美国好莱坞制作模式的突破,突破表现在对美国文化与消费模式融合的精确把握。《女巫布莱尔》的宣传最初始于导演丹尼尔·迈里克和埃达多·桑切斯,两人当时听到了有关女巫的传说,打算拍摄这部电影之时,即开始着手前期的宣传工作。他们开设了网站,同时配合一些电台的宣传。之后,艺匠娱乐公司购买了电影版权后,重新更新了女巫布莱尔的网站,进行大规模的营销攻势。

实际上,艺匠娱乐公司购买《女巫布莱尔》后,对于其表现如何却是心里没底，只是看到当时的网络迅速发展，将影片定位为恐怖片，吸引16岁至24岁的青少年——最容易受感染的观众群。这一群体对网络这一新生高科技产物十分喜爱，这也奠定了《女巫布莱尔》最终火暴的基础。不过，仅仅依靠网络的渗透力还是不行，电影是一个娱乐产物，娱乐需要文化背景的衬托。文化与网络的双重渗透才是《女巫布莱尔》成功的决定因素。

精确影片特色定位，打造青春恐怖片经典

电影作为一个文化产业，运作中带着浓重的文化底蕴。不同地域特色、文化背景，为各国的电影产业细分了各具文化特色的类型影片。

美国好莱坞成功的商业运作模式，使类型化电影更容易符合观众的审美与欣赏习惯，更容易融入美国社会，也更易为强大的营销活动提供施展的空间。电影公司将电影进行产品化包装，打包营销与宣传，全面接触方方面面的观众。美国近百年的营销经验，早已为产品的品牌化宣传奠定了良好的基础，即使是电影，也能够找到更多的卖点，为每一个观众找到必须去看这部电影的理由。

电影的销售也如同其他的商品销售一样，需要良好的渠道（即影院与发行公司）和良好的铺货量（即拷贝发行量），再加上电影本身的优质内容（包括出色的剧情、强大的演员阵容、超乎异常的巨额宣传费用、明星绯闻等）全方位进行炒作，用环环相扣的宣传攻势，最终调动起潜在观众的胃口。

《女巫布莱尔》的成功运作全面体现了美国传统营销实践的精华。该片是一部典型的近乎学生习作的影片，本片的宣传团队潜心研究受众心理，成功地为女巫布莱尔创造了一个特定的环境，以"氛围营销"作为整体宣传的基础，为《女巫布莱尔》建构起网络营销立体宣传平台，网络的渗透与渲染力，使《女巫布莱尔》最终晋升到电影巨片的行列。

20世纪90年代初，恐怖片一度沉沦。当1991年《沉默的羔羊》的上映才再次掀起恐怖片热潮。

恐怖片的长盛不衰源自人们对于未知世界的畏惧感。电影以一种艺术的形式呈现了死亡带给人们的恐惧与威胁，使观众在心中与死亡建立一种直接的联系，产生极度震撼的同时，也激活了观众的内心的渴望。观赏恐怖片是观众对现实残酷竞争的一种暂时逃避。

当《惊声尖叫》等低成本校园恐怖片令好莱坞制片商赚得盆满钵满时，定位年轻人的青春恐怖片开始在恐怖片市场上日益火暴。正是美国电影观众的低龄化，为青春恐怖片的兴盛提供了良好的发展契机。

西方将1977—1994年间出生的一代人定义为Y世代。Y世代正是恐怖电影的主力军。

Y世代消费者具有以下特征：充满活力，能够享受财富与舒适的生活；拥有家庭的支持，以及通过教育实现梦想的机会；热衷网络；以自我为中心，热衷"酷"文化；愿意为冒险和自由的感觉支付高昂的费用等。

美国近7100万的年轻消费者平均每次逛街花费30美元。伴随互联网发展而成长的一代，占美国总人口的26%左右，也是种族最多样化的一代。他们的消费额超过2000亿美元，厌恶品牌，很难接受推销，同时他们影响着另外3000亿至4000亿美元的消费额。

青少年从小即接受到各式各样的鬼故事。美国的家长也不例外地使用鬼怪传说中的人物来管教小孩，利用这些神怪的威慑力量，教导小孩子听话。青少年之间也喜欢这些稀奇古怪的东西，他们聚会时以此为谈资。这些传说成为青少年喜欢交流的"酷"话题。因此，神鬼妖魔传说的电影也就比反映现实生活的电影更能吸引青少年观众。

美国青少年经常去看电影，特别在夏季电影季，青少年更是最主要的观众群体。20世纪90年代初，校园恐怖片风靡一时，年轻观众看恐怖片不但是为寻求刺激，而且也在刺激中寻找到宣泄的愉悦。他们期待下一部恐怖电影更能唤起他们的热情，带给他们不同以往的新奇体验。

《女巫布莱尔》的题材正好符合他们的胃口。

创造文化现象，营建群众基础

神话是在现实生活中产生的，包含着一定的历史事实。

女巫布莱尔本身是一个创造出来的人物。虽然有或多或少的一些传闻，然而久远的传说不足为信。女巫布莱尔的传奇本身需要一个创造的过程，恰恰这个传奇成为演绎的基础。从严格意义上讲，影片本身只是将一切合情合理的传说以胶片为媒体进行展示。网络也只是一个传播的平台与载体，而有关女巫布莱尔的传奇才是影片成功的关键。

平面的、文字的、短片的恐怖影像不是真正的恐怖，真正的恐怖实际上是人言。年轻人都喜欢热闹，注重新奇，年轻人对于神怪的事情本来就抱着又好奇又害怕的心理。

整合宣传营造女巫布莱尔传奇

《女巫布莱尔》的成功在于精心策划的整体宣传计划。

首先预先制造了潜在的市场——在美国发达的互联网上发布女巫的"真消息"，实际上制造出来的消息也是《女巫布莱尔》电影的一部分，算是前电影产品：在电影还没有完成的时候，已经通过网络向潜在的消费群销售，这也是信息时代电脑技术带给电影制作者的优势。

网络宣传的基础就是女巫布莱尔的故事。故事的核心围绕着女巫布莱尔这个虚构的人物如何被成功地转变为现实中的恐怖杀手展开。女巫布莱尔不能只是传说中的人物，必须被塑造成为现实中整个事件的主角。

宣传的目的是通过氛围渲染，让观众感到从网站上寻找到的所有信息都是真实可信的。这个网站并不是一个电影宣传网站，而是一个有关女巫布莱尔的网站。网上的忠诚用户是一些热心于女巫布莱尔传奇的人，大家一起追踪这个发生在现实世界甚至身边的离奇事件。

热心的女巫布莱尔迷最后产生去看电影的冲动，但是他们不是看一部电影，而是在观看一部以追踪女巫的实时绝版素材剪辑而成的纪录片。这还不够，女巫是一个超自然的人物，是一个看不见摸不着的幽灵，必须让她进入现实社会，为她的每一次出现创造充足的证据。于是，女巫布莱尔的塑造，以影视最传统的戏剧冲突——复仇入手，再最终通过网络的渗透力塑造成现实的恐怖传奇。

"女巫布莱尔——200年复仇幽灵"诞生记

女巫布莱尔的传奇以时间为序，按照循序渐进的故事脉络发展。这个传奇也是沿着古代、近现代与当代的故事主线将女巫布莱尔描述成一个超自然的幽灵。

古代女巫布莱尔的事迹如下：

1785年2月，几个孩子控告一个叫埃莉·凯沃德的女子把他们骗进她的屋子后，给他们放血。后来，埃莉被证明施用巫术，故被流放出布莱尔镇。时值严冬，埃莉从此杳无音信，估计未能挨过那个冬天。

1786年11月，冬至之时，所有指控过埃莉的人以及镇上一半的孩子都失踪了。镇上其他的人害怕受到牵连，全部逃离布莱尔镇，发誓绝不再提起女巫埃莉·凯沃德的名字。

女巫布莱尔早期的历史只有两个字——复仇。一个复仇的概念，也使女巫布莱尔迷们深深地认同了这个合情合理的因由。女巫布莱尔施巫术伤害儿童有错，但时值严冬被流放，任其自生自灭，化鬼复仇，是顺应情理的。

18世纪末的故事，只是一个女巫布莱尔出场的铺垫，还不足以令观众信服女巫本人存在的真实性。

19世纪，女巫布莱尔的出场则带有令人恐怖的超凡魔力，她更加肆无忌惮地残害无辜。更多儿童的失踪、成年人按照某种仪式被凶残地处死，则进一步将女巫布莱尔的复仇，转化成一种恐怖事件。这种恐怖以系列杀人案的形式出现了。

进入20世纪，女巫的行径则与刑事案件挂上了钩。这实际上增加了更多血腥的味道。

女巫布莱尔通过施展巫术，指使他人行凶。再加上现实中真实的地点、警察与目击证人的佐证，使女巫布莱尔造成的恐怖逐渐变成现实生活的一部分。指使他人行凶案件更为女巫布莱尔提供了存在于现实的必要的佐证,这段史实描述得十分生动,全面展示了女巫布莱尔强大巫术的魔力。

女巫布莱尔完全转变成为一个拥有超自然能力的连环杀手。至此,女巫布莱尔完成了从虚构的古代女巫向现今的离奇杀手的过渡。一个完整的故事基础,让女巫布莱尔成为一个真实的事件。也让人们感到,身边的恐怖才是恐怖,这也是所有《女巫布莱尔》电影宣传策略的要点所在。

通过一系列的宣传,终于让观众感到身边存在着一个凶残的杀手,看不见摸不着,让他们感到一种来自身后的恐怖,身后阴风阵阵,不时会有被偷袭的感觉,特别是森林这一神秘环境也增添了许多恐怖的分量。1994年,海瑟、乔舒亚与迈克尔拍摄女巫布莱尔纪录片的失踪案也就顺理成章地发生了。直至1997年,海瑟的母亲找到电影公司,让它将所有的资料片剪辑成纪录片《女巫布莱尔》公布于众。

网上宣传深度发掘《女巫布莱尔》影片卖点

从《女巫布莱尔》电影的艺术性上讲,这是一部制造极端粗糙、类似学生习作的片子。影片拍摄前,电影制作人完全明了这部影片的定位,所以采取了另类的方式完成电影的营销与宣传。

《女巫布莱尔》更确切地说是一部网络版电影:有关女巫布莱尔所有的历史,与之相关的案件的文字介绍和视频片断,才构成了一部真正意义上的《女巫布莱尔》。

电影《女巫布莱尔》只是满足观众的期待:亲眼目睹绝版的追踪幽灵的纪录片,可能还会看到一些灵异的事情出现。

电影制作人其实并不想让观众去欣赏一部电影,这部电影在网站上已经放映得接近尾声了!

《女巫布莱尔》贩卖给观众一个期待

《女巫布莱尔》的前期网站宣传不仅完成了资料补充、故事预告等任务,更重要的是完整地叙述了女巫布莱尔的故事,将不存在的神秘人物现实化。

现实的恐怖将依靠真实的人物来演绎。网站完全赋予了女巫布莱尔生命,令她成为事实中的女巫,成为真正的杀人恶魔,从而《女巫布莱尔》才真正拥有了恐怖。

《女巫布莱尔》网上宣传的主要任务,就是通过大量关于女巫布莱尔事件的深度报道、事件中的插曲,逐渐对整个女巫布莱尔事件揭秘,挑逗起观众的好奇心,让他们通过上网这种互动的方式发掘更多的信息。《女巫布莱尔》的宣传有效地调动了观众的好奇心,最大的成功之处是将一个希望贩卖给了目标观众。

网上营销为观众寻找《女巫布莱尔》必看的理由

纵观《女巫布莱尔》的整体营销策略,在运用互联网方面有两点做得非常出色:

第一,借用互联网这个不停运转的信息交流与中转中心,进行全天候的传播,在潜在的观众群中创造出"女巫布莱尔"现象。

其他电影公司只是为某部影片设立网站进行推销活动,《女巫布莱尔》的网站却创造了一种现象。

电影网站通过不断补充有关女巫布莱尔的相关资料、连续性地追踪报道等现炒现卖的信息刺激观众的好奇心,让观众自己去发掘这部电影。他们通过口碑传播的方式,使更多的人卷入其中,对这个神秘事件产生兴趣。

第二,网站所有资料都是纪实性的,给网友纯资料纪录片的感觉。所有资料没有掺杂任何硬性的宣传信息。这也是两个年轻的电影人和后来购买影片的艺匠娱乐公司一直努力追求的:让任何浏览者都坚信这是一个专门为女巫布莱尔开设的网站。

网站的内容经过了精心安排:网站上预置一些电影中废弃的剪辑片请探访真相的观众先睹为快,以激发他们一睹电影的兴趣,同时他们也会向自己的朋友告之自己所看到的一切，引起别人先睹为快的好奇心。召开观众的见面会与访谈会，以达到在观众中掀起更大的宣传力度的效果。

当然这些都是策略性的障眼法。通过这些精心的策略安排、事件报道，网站一步步地使女巫布莱尔的传奇故事深深地植入观众的心里。电影网站所建立起的这些个人关联，是利用广告无法办到的。

正是这种刻意的真实，吸引了更多的女巫布莱尔迷参与。越来越多的人对此产生了浓厚的兴趣，大家传递信息，分享心得，都希望搞清这个问题：“这些凶杀案是一个复杂的阴谋的一部分，由屈从于活着的女巫布莱尔淫威的激进信徒所为，还是那个复仇的邪恶幽灵亲手所为？”这需要观众自己做出一个判断，这也是《女巫布莱尔》最大的诉求点。

女巫布莱尔的人物塑造为营销宣传创造了足够的卖点，接下去营销战役全面展开，将这个故事销售到每一个潜在受众的心里。

线下整合攻势成功晋身好莱坞大片阵营

《女巫布莱尔》的线下宣传大致可分为两个阶段。

第一个阶段重点还是围绕着炒作女巫布莱尔的离奇故事。

有关女巫布莱尔的宣传工作在电影拍摄之前，已经开展起来。1997年，女巫布莱尔的故事即首次在独立电影频道的《画中画》节目中报道。之后，1998年6日，丹尼尔·迈里克和埃达多·桑切斯两位导演开设了女巫布莱尔网站，开始宣传活动，并吸引了一大批忠实的女巫布莱尔迷。

艺匠娱乐公司在1999年愚人节，推出重新包装过的女巫布莱尔网站。新网站重点公开长达200年的女巫布莱尔的历史、三个失踪学生的背景和警察报告等资料，让人们读到失踪学生海瑟的日记，听到三个失踪学生的悲伤欲绝的家人的"采访"。当然，这一切都是制片公司"以假乱真"的安排，但是这些配合剧情的东西却吸引着那些希望发现新奇事物的网民。为配合网站的宣传，艺匠娱乐公司在全美40所大学放映了《女巫布莱尔》预告片，那些热爱上网的学生在网上为女巫布莱尔进行了大肆宣扬。同时这些大学校园还推出了宣传活动，活动以三个人为一个营销小组，在校园散发着印有电影中失踪者画像的单页，直接让这些年轻的观众感受到一部离奇的恐怖电影即将上映。

地面推广后续延伸

艺匠娱乐公司制作了三支《女巫布莱尔》宣传预告片陆续投放。为了继续将女巫布莱尔打造成一个时尚话题，前两支宣传片没有以硬性广告的形式插播到传统的电视节目或娱乐频道里，而是投放在专门挖掘电影热闹新闻的"酷新闻网"，之后选择在MTV音乐电视频道播出。

酷新闻网和MTV都是以时尚前卫吸引年轻人的。《女巫布莱尔》宣传预告片的广告宣传的特色被大大减弱，更带有异类新闻的味道。

MTV一遍又一遍地播放从《女巫布莱尔》电影里节选的5分钟片断，片断中特别突出了女巫布莱尔网站的网址。大多数电影公司都会建立一个网站，人们多会去光顾一次，仅此而已。艺匠娱乐公司不是这样的，它在女巫布莱尔热在网上逐渐升温的时候，每周都会更新一些内容，让网民一次又一次地访问网站，之后对女巫布莱尔产生更多的期待。

与好莱坞大片同行

从1999年6月开始，一些学校的报纸与周刊也开始出现《女巫布莱尔》的平面宣传广告。

最初，营销策略的每一个步骤的目标都集中在从主流媒体上吸引人们的注意力。但是到了1999年6月中旬，在电影院推出第三支广告预告片的时候，影院把《女巫布莱尔》的预告片放在《星球大战Ⅰ：幻影危机》前放映，这实际上是将《女巫布莱尔》与好莱坞大片的巨型宣传战役联系在一起。此前，《女巫布莱尔》从未想进行大规模宣传，避免投入巨额宣传费用。不过，为了引起更多观众的注意，《女巫布莱尔》宣传战役的后续工作计划（包括电影的首演日期）都经过精心设计。

首映的策略

为了有力地支持7月14日电影的首映，艺匠娱乐公司从7月初便开始了传统广告宣传战役，这也是第二阶段宣传战役的序幕。

7月的第一周，艺匠娱乐公司派送了7.5万本宣传画册，并在主流报纸上投放广告，广播广告战役同时打响，连环漫画书也同步发行。

电影首映的前三日，艺匠娱乐公司与科幻频道联合推出一小时的特别节目《女巫布莱尔的诅咒》。这个专题节目全面介绍三个学生在伯基特维镇失踪的情况以及伯基特维镇200年不凡的历史。这个特别节目收到极高的收视率，并多次重播。

同时电影公司进行了一场根据影片仿制的纪念品展览。在宣传战役中，引入了特许授权：《女巫布莱尔》的连环画、CD、T恤衫、影片原声录音带等开展全面销售。《女巫布莱尔档案》一书成为8月亚马孙网上书店第二大畅销书。《女巫布莱尔》也引入了捆绑营销活动和一些影迷奖励计划，例如，桑丹斯电影节之旅、游览电影公司和参观电影拍摄地马里兰州伯基特维镇。

7月14日首演时，艺匠娱乐公司只选了27家影院，造成了《女巫布莱尔》影片一票难求的空前火暴的场面。首映周末票房收入达150万美元，艺匠娱乐公司宣称，比《黑客帝国》和《星球大战前传》首演的票房要高。

接下来的两个星期，《女巫布莱尔》在全美的1101个影院同时上映，周末票房收入达2900万美元，不久扩展到了2142家电影院。

《女巫布莱尔》通过创造一个环境，再在这个环境里或者说区域里营造氛围，以文化概念对目标观众进行心理战，让观众对电影本身产生强烈的猎奇心理，产生不可抗拒的希望。《女巫布莱尔》的成功不仅仅让观众观赏一部电影，更重要的是兑现了观众心中的期望。

剪辑魅力卖点
——电影《魅力四射》上映整合营销案例

美国环球电影公司的《魅力四射》（又译《少女拉拉队》），定位的目标观众是正在过暑假的美国青少年观众。故事情节十分简单，叙述了美国地区间进行的一次学校拉拉队比赛。一个年轻姑娘经过竞选当上了学校拉拉队队长，期间经历了种种挫折，最后以自己的魅力赢得了同学们的信任，大家一致努力，最后获得亚军，同学们又聚在一起准备迎接下次的比赛。

在美国，如果想成为一部带来巨额回报的大片，通常要具备两大特点：或是电影取了一个被观众熟悉且喜爱的片名，或是影片采用了受观众欢迎的题材与主题，《谍中谍》和《蝙蝠侠》就是很好的例子。《谍中谍》具备了惊悚片的特质，而且片中令人炫目的高科技也迎合了21世纪的人们对于高科技神秘感的猎奇心理。《蝙蝠侠》的主角奠定了电影成功的基础。蝙蝠侠在美国是一个妇孺皆知的神话人物，像这种在几乎所有年龄层观众中拥有高知名度的人物，本身就是电影成功的重要基石，再辅以英雄救美、除暴安良的情节和高科技，加上时代感与戏剧冲突产生的极强吸引力，这类电影必定成为产生巨大利润的电影大片。

如果有一个"票房炸药"级别的卖座影星加盟，更会大大提高成功的可能性。

《魅力四射》这部针对青少年观众的片子，波折不断。先是更改片名，接着重新剪辑影片，三度的市场调研数据均不理想，最终依靠创新的思路拯救这部片子，成为当年环球电影公司赢利的热门影片。

初探市场，寻求突破

环球电影公司的《魅力四射》与上面提到的两大成功要素全都不沾边。从一开始的时候运作该片的前景就不妙，看似很难获得成功。影片前期宣传策略的制订颇费了一番周折。

片名最初定为《狂热欢呼》，从片名上倒是很直白地看出是一部有关拉拉队的电影。环球公司的营销队伍在正式确立营销策略之前，作了一次调研，结果大出所料。调查显示，62%的目标受众，也就是12岁至17岁的青少年称，他们"绝对不会"去观看一部有关拉拉队的电影。

环球公司经过分析，认为拟定的片名带来了反面影响，片名太过直白，倒是十分简洁、清晰地传递给观众这样一条准确无误的信息：这是一部有关拉拉队的电影，是一部很适合青少年观看的电影。

针对青少年消费者十分有效的营销策略就是病毒式营销手段，口碑传播更是其中重要的手段。青少年头脑活跃，喜欢聚在一起，分享一切有趣的事情。如果他们头脑中认定这部电影是一部拉拉队的片子，完全没有观看的价值，等于是说："这是一部有关拉拉队的电影，62%的青少年拒绝看这部电影。"这样一传十、十传百，很快就会让该片落到败走麦城的境地。

屋漏偏逢连夜雨。片中没有大牌明星，影片的主演柯尔斯滕·邓斯特从未主演过大片。换句话说，她主演的片子首映周末的票房均未超过500万美元，她主演的《迪克》，首映的周末才勉强收到了220万美元。

调整策略，再受挫折

宣传的策略面临着十分艰难的抉择：忽略现在的调研数据，全力以赴，继续将一部讲述拉拉队故事的电影作为宣传点，强调突出拉拉队的特色，还是改变宣传方向？

环球公司此前曾经以一部成本不大的影片创出奇迹，低成本的青春喜剧片《美国派》就是成功的范例。当时《美国派》就是深度开拓片子本身的剧情资源,从片中提炼出一些带有色情味道的笑话大加渲染,全力向限制级电影里挤,并很"荣幸"地被定为限制级,这种定级确实大有好处,其知名度迅速在青少年中提升起来。但是《狂热欢呼》本身的剧情太简单,缺少一些荒谬绝伦的东西用于炒作。

2000年2月,环球公司决定尽量淡化拉拉队的色彩,让《狂热欢呼》一片展现更多的高中生活。在为电影院经理们放映该片之前,片名更改为《做给你看》。电影宣传海报也进行了处理,画面表现的是拉拉队员在叠罗汉,一个接一个跪在其他女孩的背上,摆出一个标准的金字塔造型,只是队员们穿着日常的便装。环球公司希望更换的海报能够让拉拉队员更像普通人,不希望观众一下子认出她们是拉拉队,让整个片子的感觉更平民化一些。

重新剪辑,新卖点带来新突破

如果从定位于一个吸引更为广泛的观众的角度出发,调整后宣传海报的效果是最棒的。可惜,这个策略对于青少年观众还是没能奏效。

通过对于市场的追踪,环球电影公司发现,3月4日还有两部针对青少年的电影开始上映。《不管它带来什么》收到了410万的票房;《人间天堂》首映即冲到前面,票房达450万。环球公司突然意识到,《狂热欢呼》注定首映周末的票房只能进入400多万这一档次。

环球公司决定再次调整影片。制作人员将所有的影片素材仔细地梳理一遍,从湮没在故事线的次要情节中寻找突破口,终于找到了一条辅线:城里的一支由黑人组成的拉拉队也参加了这次比赛,而且他们是电影主演领导的白人拉拉队的主要竞争对手之一。也就是说,白人拉拉队和黑人拉拉队之间发生一场真正的竞争与对抗。于是影片重新把这个竞争作为基点,强调拉拉队间的竞争就是一场严肃并且残酷的体育比赛。

篮球、棒球、赛马等类型片,情节本身涉及激烈角逐,充满惊险、刺激与悬念,非常符合美国观众猎奇的心理。拉拉队这一题材与美国十分流行的体育题材电影不一样，充其量只能算作一种插科打诨的角色。各个学校的拉拉队都经历艰苦的训练，但是在广大观众的心中，完全是一种娱乐。观众眼里漂亮的青年男女在比赛休息间隙上场一通闪展腾挪，除了博得一乐，没有什么意义。

观众认定了这是一种娱乐，无论怎样也无法与真正残酷的比赛相提并论。环球公司经过精心的调查与挑选，去粗取精，终于找到了影片的真正卖点：告诉年轻的观众，其实拉拉队的比赛——角逐最佳的拉拉队——也是一种竞技。拉拉队也是由专业人士组成的，这是一项严肃的运动。不过，新问题又出现了，就是拍摄的素材不够，只有75%的内容与新故事线索有关。制片部门迅速组织补拍了一些场景，重新剪辑出白人拉拉队与黑人拉拉队的对抗与竞争，创造出了一项严肃的体育比赛。从此也使青少年观众改变了对于拉拉队比赛只是一个可有可无的娱乐形式的看法。虽然有62%的青少年观众认为拉拉队完全是"扭怩作态的、很做作的"，从而拒绝观看拉拉队题材的电影。但是如果将拉拉队比赛视为一项竞技，情况就会大不一样，能够引起青少年的关注。他们对于这项新的体育运动的胜负结局，产生了强烈的好奇心。新宣传活动将极大地触动青少年观众的兴奋点，白人、黑人和西班牙裔青少年都成为潜在观众群。

创造新体育运动

电影预告片也进行了重新制作，突出拉拉队的比赛是一项严肃的体育竞赛，比赛的胜负将意味着巨大的荣誉。拉拉队比赛被渲染为新创造出来的体育运动，这也成为整个宣传的重点。电影预告片中，展现了许多白人、黑人拉拉队员翻腾、飞跃的表演，动作严肃、认真，刻意强调对于这项体育运动的认真态度。重新确立的宣传点通过片中一个拉拉队员的表白直陈出来："你参加过拉拉队的比赛吗？"单页海报也精心绘制，以拼图的形式将一黑一白两组拉拉队同时放在一起。白人拉拉队员出现在左侧的画面里，黑人拉拉队的队员出现在右侧画面里，两组队员针锋相对。

环球电影公司同时对于营销的方向进行了刻意的调整，尽量避免令观众感到这是一部"柯尔斯滕·邓斯特主演的电影",而是强调这是在讲述一个竞争激烈、扣人心弦的体育运动。在正面宣传中,邓斯特始终和片中黑人拉拉队长同时出现,无时无刻不在显出这是一场针锋相对的比赛。

即使是这样,营销队伍仍然努力让邓斯特完全以自己的形象进行曝光,尽量避免带上拉拉队长的色彩。比如,邓斯特以女影星的身份登上了奉行香艳与潮流精神的 Maxim 杂志的封面。

立体布阵,全面出击

营销从来就不可能是一帆风顺的。美国全国拉拉队委员会因为该片过于活泼而不予认可。环球电影公司利用整整一个夏天的时间,说服了几个地区的拉拉队委员会。与此同时,在这些地区配合当地的音乐会进行宣传,借助音乐会上青少年观众云集的优势,进行一场行之有效的基层营销攻坚战。

环球电影公司此次的宣传确实是一场整合的营销宣传战役。对于定位的目标观众群——青少年观众进行一次彻底跟进,在所有时间、全方位紧跟在他们的后面。

环球电影公司在电视媒体和有线电视网上投入了较大的宣传力度:把黑人拉拉队树立为电影的竞争对手,这也是吸引更多年轻的非裔美国女性观众的原因之一。为了突出与巩固宣传效果,环球公司在 BET 娱乐电视频道特别推出一个大型专辑,在《魅力四射》上映前播了四次,上映后又加播了一次。

《魅力四射》正式上映的 7 天前所作的调研发现,只有很少的年轻男性观众对此片感兴趣。于是,环球电影公司迅速制作了一支活泼有趣、针对男性观众的电视广告,投放到《星期一晚间橄榄球赛》等节目中。然后,美国国内调查集团公司进行了追踪调研,结果显示,10%~15%的年轻男性决定要观看《魅力四射》。

环球电影公司再接再厉在华纳电视频道购买了《吸血杀手》等节目的广告时段。同样在 BET 电视频道、福克斯电视台和 MTV 电视台购买了广告时段。此次媒体购买行为将西班牙裔美国人也纳入了影响的范围。

一个攻势很猛的广播广告宣传战役也同时展开了。因为电视观众,特别是青少年观众,在夏季反应迟钝、没精神,通过这次立体的宣传,从海报到电视,从广播到口碑的传播,使青少年观众充分暴露在强大的宣传攻势之下。当该电影放映时,影片在美国 25 岁以下的人中知名度提高到 82%。

在线联合行动

在线的宣传战役同样激发了目标受众的兴趣。环球电影公司借助一个在青少年中很受欢迎的网站 Alloy.com 的帮助,十分轻易地在 1 个月的时间里,对 150 万该网站的用户产生了影响,其中 60% 是女孩,40% 是男孩。Alloy.com 还为该电影创造了一个微型网站,设置了抽奖和派发电子杂志项目,以便告知用户《魅力四射》的明星于何时、何地与观众见面的信息。环球公司针对少数民族的网站也同时投放了广告,例如 360hiphop.com 和黑人之声网等。

环球电影公司说,它的策略不是板着脸向人们简单地发布消息,而是提出问题,创造交流对话的氛围,同时更大限度地制造兴趣点。

这些媒体的努力只是整个计划的一部分。

环球电影公司在 8 月份还与 25 家大型购物中心合作,利用暑假开学前的时间,推出了一个独具特色的宣传活动。电视、广播和整版的报纸广告此时也继续投放,以求得到最大的宣传效果。大型购物中心安排了拉拉队比赛和时装表演,结果掀起了不小的高潮。

营销累积的效应吸引来了成群的青少年观众,不过这些年轻的观众是极难定位的。从另一方面讲,受到有效影响的青少年观众的数目却是十分庞大的,而且这一消费群很慷慨,回报率很高。如果能够把握住他们,等待的将是丰厚的票房收益。

《魅力四射》的票房收入大获丰收。在 2000 年 8 月 25 日至 27 日首映周的周末,票房收入就令人惊讶地达到 1740 万美元,是普通青少年电影的 3 倍,打破其他青少年电影首映周末的纪录。

《卧虎藏龙》的戏外功夫
——电影《卧虎藏龙》美国上映整合营销案例

中国台湾导演李安执导的《卧虎藏龙》，取材于20世纪30年代一位武侠小说家出版的一套5册的名著，全片充满了浓郁的中国文化特色。所以当索尼公司的营销队伍最初接手该片宣传工作的时候，感到一片茫然：如何才能使这部表现不同人文特色与文化背景的中国武侠片，吸引住生活在大洋彼岸的美国观众呢？这确实是一个巨大的挑战。

索尼电影公司制订了一个整合营销计划，通过网站、观众座谈会、赞助电视节目等一系列的线上（即网络）与线下（即地面推广）活动，最大限度地扩大了其在美国的影响，使本片最终成为一部在美国引起高度关注的外语片。根据展览联络公司的统计，它在美国的票房直抵1亿美元的大关，成为卖座最高的外语片之一，超过了意大利影片《美丽人生》。《卧虎藏龙》的整体营销策略，像电影里所展示的令人炫目的武打场面一样精彩。

寻找市场定位

20世纪末，随着中国内地、香港地区、台湾地区等电影制作者日益频繁地在各大电影节曝光，加上像吴宇森、李安等导演涉足好莱坞，来自中国的异域文化越来越引起西方人的浓厚兴趣。中国武侠功夫片的艺术融入越来越多的美国打斗片中。

一些中国文化的元素：中国的服饰、秀丽山川和风土人情等在电影中的频繁出现，也给看惯美国好莱坞模式化影片的美国观众一种全新和奇特的感受。

1999年推出的《黑客帝国》和《致命罗密欧》中，令人炫目的中国传统功夫的打斗场面，更是令观众对于中国的武术有了全新的认识，应该说确实迎合了商业化都市观众对于异国情调的需求。

1999年3月推出的《黑客帝国》，在美国取得了1.71亿美元的票房收入，并成为华纳公司在1999年收入最高的电影。《黑客帝国》是一个科幻惊悚片，里面充满艺术性很高的特技效果，同时依赖强大的互联网营销才取得很好的营销效果。

《卧虎藏龙》与《黑客帝国》从影片的结构形式来讲，都采用了中国武术作为影片类型的定位。只是前者是纯中国的武侠片，后者是美国的科幻动作片。然而两部电影都具有一个共同特点：启用美国人出任影片的编剧。《卧虎藏龙》先由与李安合作过的詹姆斯·沙穆斯编写剧本，译成中文后由两位中国台湾作家进行修改，然后译成英语，再次进行修改。

《卧虎藏龙》讲述的是一个发生在中国的故事，影片中的一切都是中国化的，这将使非华语背景国家的观众很难理解影片的内容。启用好莱坞编剧的好处是，依靠其对于市场的了解与对于西方观众兴趣的把握，以好莱坞商业片模式来创造戏剧化更强的中国武侠片。以西方观众的思维方式与口吻，以西方人熟悉的人物性格与剧情处理方式，演绎一个异国风情的故事，可能更容易令西方的观众接受，并理解其中精彩的故事。把文化隔膜降到最小，也是《卧虎藏龙》在美国与欧洲市场取得成功的原因之一。

《卧虎藏龙》整个剧情安排上很少模仿香港功夫片，影片的剧情更复杂、更富有冲突性。武打场面也作了精心的处理，主要人物飞檐走壁，动作张弛有度，加上铿锵有力的击鼓之声，调度有序。与其说是中国功夫的展示，不如说是一场接一场缓急相配的击鼓声伴奏的舞蹈——以优美的中国传统武术动作表演的舞蹈。这确实是对于中国武侠片武打设计的一种突破，与典型的中国武侠功夫片产生区隔，令人耳目一新。这样的区隔对于影片营销是很重要的，这也是《卧虎藏龙》在影片创作中突出的一个与众不同的特点，也是不俗的卖点。

在情节安排中，两位女性人物置于立场分明的两个阵营：一个是好人，一个是坏人。性格鲜明，并且与周润发出演的男主人公发生了情感纠葛。

中国的观众对于电影里的人物也许是这样理解的：代表好人的一方是男女主角（李慕白和俞秀莲），最终使坏人一方的主角（逃犯碧眼狐狸和受其影响的女子玉娇龙）得到应有的惩罚，正义战胜了邪恶。

但是影片中所表现的俞秀莲对于逃犯的不懈追击，以及玉娇龙与性情狂野的山贼罗小虎的爱情故事，展现了女性角色特立独行的性格。一正一邪的两个女性敢作敢为、锋芒毕露的个性显露无遗。这对于女性观众来说，是一种表彰与称赞，对于潜在的女性观众有极大的诱惑力，也可称为影片创作形式本身的又一大卖点。

《黑客帝国》和《致命罗密欧》的上映，为《卧虎藏龙》这类中国武侠片的推出，进行了市场预热，已经使西方的观众对于中国功夫有了全新的认识，产生更强烈的观赏欲望。《卧虎藏龙》对于剧本与题材本身的挖掘与安排，为市场的宣传创造了良好的基础。

最终《卧虎藏龙》定位了美国的五个不同的观众群：艺术影院的观众、年轻人、女性、武侠片爱好者和外国电影爱好者。

借电影节造势

《卧虎藏龙》配音的问题需要首先解决。不过索尼电影公司注意到了人们在互联网上的经历，这给予它巨大的信心与启迪：现在人通过长期上网冲浪，逐渐习惯了一边打字、一边阅读屏幕上的文字。前面的文字很快地消失后，再去关注其他部分的内容。这样可以避免出现20世纪70年代时那种因为配音语句不衔接，造成配音对白与画面不同步，令观众捧腹大笑的难堪局面，这将影响影片原有的效果。

《卧虎藏龙》的对白采用汉语普通话，再配上英语字幕。这样既保持了影片的原汁原味，同时又提高了影片的吸引力。

第二步是引起电影评论界的兴趣和进行口碑传播。各国举办的电影节成为《卧虎藏龙》最佳的表演场。

2000年5月，《卧虎藏龙》率先在戛纳国际电影节推出，然后纽约、雷克雅未克（冰岛）、鹿特丹（荷兰）、多伦多（加拿大）及其他的电影节也出现了《卧虎藏龙》的身影。凭借传奇的功夫与浪漫爱情的渲染，该片荣获洛杉矶电影评论家协会和芝加哥电影评论家协会最佳影片和最佳外语片奖。

《卧虎藏龙》参加电影节确实收到了良好的效果。电影节本身就能吸引电影爱好者的关注，参赛的影片会在观众中产生更多、更大的影响，对于电影的宣传起到许多积极的推动作用。

在娱乐圈提高知名度

纽约的电影活动宣传专家西格尔女士后来加入营销队伍，她决定将《卧虎藏龙》打造成"功夫版《泰坦尼克号》"。她提出了一些地面推广活动的营销方向：邀请一些企业加入影片的宣传活动，定位名人，在校园推出大型宣传活动等。

西格尔女士筹备了一系列多达 8 场的电影试映会，邀请了 CNBC 频道《扬声器》节目主持人乔·克南、女子篮球明星丽贝卡·洛博、著名时尚主持人 Brahmin Elsa Klensch、"武当派"吟唱演唱组等娱乐与传媒界的人士，到现场助阵。名人效应引起了更多观众的兴趣。

紧接着，索尼公司针对年轻的潜在观众群，特别加强宣传力度，以巩固营销的效果。电影院上映《都会传奇：终极版》的时候，推出了震撼人心的随片电影预告片，以吸引年轻的潜在受众群；在发行的《爱国者》录像带里面购买了广告位，对于家庭观众进行了立体定点"轰炸"，以提高在家庭观众群中的影响力；同时尽可能大范围地推出影评回顾与巡回展，隐性宣传手段同样起到了强化与扩大影片知名度的作用。

泰格·舒尔曼·卡拉特学校联盟是一个拥有 35 个连锁学校的联盟，在康涅狄格州、加利福尼亚州、新泽西州、宾夕法尼亚州以及纽约都有分校。营销队伍在这些学校里放映了多场《卧虎藏龙》，继续扩大在学生观众群中的知名度；同时在新泽西、纽约和费城进行与电影相关的系列艺术展。

为了突出影片中女性的地位，吸引更多女性观众的注意，在展映电影的现场，特别邀请女空手道教师与学生一起，模仿《卧虎藏龙》中搏斗的片段，进行现场表演。

到了11月，该片进入奥斯卡的角逐，更成为从中年人到青年人长期谈论的热门话题，网上的讨论也变得异常热烈。此时，该片尚未在美国上映。

网络营销聚人气

营销队伍十分关注1999年《女巫布莱尔》如何通过网上炒作一举成功的做法，他们也决定将在线营销引入整个营销战役之中。2000年夏天，一个少年创建的网站给索尼公司的网上宣传提供了良好的契机。当时《卧虎藏龙》正在亚洲上映，营销部总裁参加了一个野餐会，遇上的一位朋友向他介绍了自己的13岁儿子制作的网站。营销部总裁感到非常棒，于是给了小伙子100美元，让他在网站上为《卧虎藏龙》推出一个系列广告宣传活动。此外电影公司在1999年夏天推出了《卧虎藏龙》的官方网站，也引来了50万人的访问。

与此同时，营销组用激烈武打场面剪辑出电影预告片分发到400个网站，其中包括了奥斯汀、"难道这不是酷新闻"（这是一个电影迷网，以传播电影的早期预告为特色）等娱乐网站。

互联网巨大的凝聚力，使营销队伍看到了更加光明的前途。有线网频道暴涨的知名度和官方网站不断更替新闻，也吸引了更多观众的注意。

2000年12月15日，《卧虎藏龙》在纽约与美国观众见面，此前它已经获得了成功。

即使那个时刻，营销队伍也未进行过巨额的电视媒体的购买，只是针对地方电视台进行广告投放，以吸引更大的观众群。例如，购买了一场美国加州大学洛杉矶分校对斯坦福大学的篮球比赛和一场纽约巨人全美橄榄球联赛冠军赛的广告时段。

整个宣传攻势仍然是慢慢地全面展开，这样使宣传活动与舆论的追捧同步进行。

2月2日,《卧虎藏龙》得到了三项金球奖之后,已发行了1000个拷贝。到2月16日,得到10项奥斯卡提名之后,已经发行了1600多个拷贝,收到7000万美元。

"圣诞怪杰"如何拯救圣诞节

——电影《圣诞怪杰》反季节营销案例

《圣诞怪杰》（又译《格林奇怎样偷走了圣诞节》）首轮票房即收到550万美元。

这一成功归功于所有关键因素的巧妙配合：出众的电影、精确且富有成效的营销以及完美的上映档期的选择。

票房冠军的诞生

《圣诞怪杰》是根据美国著名儿童作家索伊斯·盖泽尔先生（笔名是索伊斯博士）1957年的儿童小说《格林奇怎样偷走了圣诞节》改编的。《圣诞怪杰》从规模上定位成大片：片中动用大量电脑特技，由著名喜剧明星金·凯利出任主演，再加上全片充满古怪、新奇的构思，而且还是圣诞节期间推出的影片。虽然取材儿童寓言故事，不过俨然是一部老少皆宜的影片：儿童对于影片的华丽、炫目的内容，一定喜欢；金·凯利的出场，使格林奇这个人物必定成为一个活生生的搞颠覆阴谋的专家，青年人对于玩笑、幽默和欢乐的愿望一定会得到满足；成年人就自不必说了。

美国65%的电影观众的年龄介于13岁至28岁之间，他们决定了影院票房。环球电影公司知道，《圣诞怪杰》虽然是一部儿童读物改编的电影，但只要运作得当，这样的影片依然能够吸引着观众。

"怪杰"出色地完成了任务，《圣诞怪杰》成为2000年最成功的影片，票房收入近2.6亿美元。这是因为，投入4000多万美元的营销战役的每一个细节都设计得令人兴奋不已。

反季节营销

不过,环球公司此次冒了极大的风险,在感恩节之前就开始了宣传活动。

因为人们还沉浸在感恩节的节日气氛里,片名里就使用了"圣诞节"的字眼,很可能让观众产生厌烦。所以环球公司在大多数宣传资料中,将长长的片名(《格林奇怎样偷走了圣诞节》)精炼为《格林奇》,有意省略掉"圣诞节"这个节令用语。使用一个更短小精悍的片名,给了电影一个轮廓分明的形象,有利于产生较高的品牌效应。

当时做出反季节的营销策略确实很冒险,不过事后发现的确是聪明的举动。通过广告预告片,为《圣诞怪杰》创造出了一个很抢眼、诱发人们兴趣的亮点,制造的悬念吊足了观众的胃口。整支预告片富有年轻人的气息,充满激情与情感,金·凯利更成为年轻人收看的一个大卖点。

之后的工作是扩大潜在受众群,第一轮针对家庭进行的电视广告,争取到将信将疑的家长们的关注。

《圣诞怪杰》创造出了意想不到的巨额利润。该片于 2000 年 10 月 17 日首映,成为电影市场的一个大赢家。

广泛捆绑营销合作

《圣诞怪杰》一片的创造者索伊斯·盖泽尔的遗孀奥黛丽·盖泽尔在一些场合公开露面,借助小说作者的影响,提高电影的知名度;导演霍华德参加巡回宣传,借助自己的知名度推波助澜。与此同时,一些消费性产品合作伙伴，例如家乐食品公司、温迪汉堡店、"R"玩具店等纷纷加盟联合宣传的大军，带来近8000万美元的宣传投入。环球电影公司与美国邮政服务公司协作推出第一个捆绑促销计划，在告示牌、商品上都附加上宣传信息，甚至连邮票上盖章的机会也未错过。营销团队掌握每一个宣传的机会，反复加深目标受众的印象。

环球电影公司非常清楚，电影营销必须提供给观众一个愿意去看这部电影的合情合理的理由，它做到了。

《角斗士》反败为胜的上映计策

《角斗士》从开拍之初就一直不被看好：一段史诗般恢弘的古装戏剧场面，与一个尚未取得过成功的故事混合在一起，这一切看来注定要一败涂地。梦工厂SKG公司最终却在全球的票房中赢取了4.44亿美元。该片只有导演里德利·斯科特是唯一的巨星，而他却自始至终隐藏在银幕后面。罗马将军与角斗士的扮演者拉塞尔·克罗也只是在出演了《洛城机密》和《内线》之后，才勉强同英雄人物拉上关系。

选对时间做对事

《角斗士》的上映面临着重重危机：对于《角斗士》这部电影来说，大多数潜在的观众不知道主演角斗士的拉塞尔·克罗是谁，演过什么戏，这类古装片是否能够拍得更精彩。梦工厂的宣传策略从一开始即将自己归入成功者的行列，它让女性观众去欣赏浪漫的爱情，让男性观众去感受搏斗的残酷。

电影公司为《角斗士》的首映，安排了一个精准、恰到好处的档期。如果没有恰当的上映时机，那

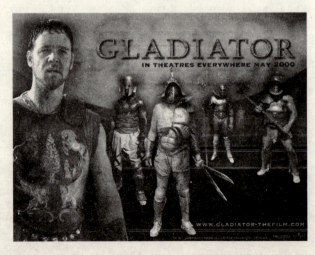

就如同将手无寸铁的角斗士推上角斗场一样。

事件营销成就落难史诗片

1999年圣诞节期间，梦工厂推出为《角斗士》制作的第一部电影预告片。紧接着在2000年1月，美国广播公司的第34届"超级碗"上，推出单支电视广告。这支广告将橄榄球赛激烈比赛的对抗场面与《角斗士》影片里动人心魄的搏斗场景剪辑在一起。观众在赛间休息时，观看《角斗士》的宣传片，犹如欣赏一场橄榄球角斗比赛：激烈的比赛场面与血腥的大战场面浑然一体，这种情节的关联有效触动了观众的心理链接，调动了众多消费者的关注。

该预告片还剪辑了篮球和曲棍球版本，分别投放在美国全国大学生体育协会2000年3月组织的篮球决赛和曲棍球比赛期间，在青少年观众群中产生了巨大的反响。

在"超级碗"投放广告时，梦工厂一直犹豫不决，最后毅然出手。不想当时的冒险，换得意想不到的成功。因为再也找不到一个让3000万男性观众的目光同时聚焦到这部电影的机会了。

当一部毫无星光的电影力图对广大观众产生影响力的时候，将广告投放于高关注度与高收视的媒体是一个最佳的选择，更何况"超级碗"决赛是一个难得聚齐全美数以亿计观众的好时机。而创新的广告创意，使电影情节与比赛真实场面相融合，令观众轻易接受，并产生好感。

一个大胆的媒体策略，成就了一部险些落难的史诗片。

解冻《冰河世纪》

——《冰河世纪》上映宣传战役

20 世纪福克斯公司通过《冰河世纪》成功地从新千年高成本的动画片《冰冻星球》的失败之中解脱出来。《冰河世纪》讲述的是冰河时期的史前动物的故事，围绕着三只冰河时期的史前动物和一个人类弃婴展开。冰河期使得动物们纷纷迁移寻找食物。心地善良的长毛象曼菲德、嗜食的树獭希德、狡猾的剑齿虎迭戈，这三只性格迥异的动物为了使一个人类的小孩重返家园，组成了一支临时护送队，踏上了漫漫寻亲路。

《冰冻星球》失利之后，福克斯公司对发行大型事件类型的电影营销战役谨小慎微，直到《冰河时代》上映。这一系列宣传战役一直与汉堡王食品公司、渥派克直邮公司、拉尔夫斯超市合作展开捆绑营销。

制造关注热点

20 世纪福克斯的营销负责人说，他们创造了一部"事件营销"电影：借助一个与《冰河世纪》主故事线无关的角色——史前松鼠索卡特，触发了观众的收视兴趣，从而获得更高的票房收益。

作为推广的一部分，20世纪福克斯在自己的媒体和其他的媒体上逐步强化宣传力度。

《冰河世纪》预告片的发布使这部影片成为好莱坞影评人注目的焦点，也吸引了众多观众的注意。预告片中，史前松鼠索卡特为了在冰原上藏匿一颗松果，引发大雪崩。面临冰柱轰塌、雪面崩裂等惊险处境，索卡特带着松果逃命，好不容易安然落地，却被一只长毛象的巨脚踏住！尽管这支预告片与片中的主线剧情毫无瓜葛，但是其中的卡通形象夸张生动，受到了极大好评。预告片大获成功。

预告片在一些有线电视台相继投播。电视媒体选用了卡通电视网、HBO、探索公司的"动物星球"频道和福克斯的儿童电视网。福克斯同时赞助了天气频道的《风暴监察》节目单元。福克斯所属电视台播放天气预报的时候，卡通人物标识也将出现在屏幕上。

联合捆绑营销

福克斯的《冰河世纪》，既定位于儿童也定位于他们的父母。这部电影虽然沿着儿童电影的轨迹，同时也走上了大众路线。为了吸引年龄更大一些的观众，福克斯赞助了全国广播公司的《今日节目》中奥运奖牌榜栏目，同时在奥运会节目中也购买了媒体的广告位。

捆绑营销也成为预热《冰河世纪》的另一巨大"热源"。汉堡王推出了一款特制的"冰冻飘浮"香草纯洁冰饮料，以宣传电影。

福克斯也联合渥派克直邮公司进行捆绑营销。蓝色信封内置宣传资料（同时附带汉堡王产品信息）作为电影宣传品免费派发。作为宣传活动的一部分，汉堡王在店内通过抽奖分发食品礼券。渥派克同时也向目标受众投递一些电影摘要，以配合总体电视宣传活动。与此同时，多格公司则通过下属的拉尔夫斯超市俱乐部会员卡提供一些《冰河世纪》的奖券。大奖提供四人去加拿大魁北克冰河饭店旅行的机会。

《冰河世纪》首映三天票房就大获丰收，以4790万美元成为北美票房第一名，同时也重新改写了几年来三月份电影票房的首映纪录。

第五章

美国汽车业营销

宝马：将娱乐进行到底
——宝马美国公司娱乐营销案例

虽然经济大环境不景气、国际市场动荡不安、汽油价格波动频繁，美国豪华轿车和超豪华轿车的销售仍然保持非常强劲的增长势头。

豪华车市场的繁荣刺激着汽车厂商开发新车型，以满足这些富裕的美国消费者的需求。奔驰、劳斯莱斯、凯迪拉克、宝马等豪华车生产商，都表现出对美国市场的强烈野心。同时调查分析结果显示，57%的豪华轿车拥有者年龄分布在35岁到54岁，这是人生收入达到最高点的阶段。

从20世纪70年代开始，国外的汽车生产商开始在美国建立生产厂或组装厂，外国品牌汽车在美国的市场份额迅速提高。美国有关机构调查显示，2000年以来，福特、通用和戴姆勒—克莱斯勒三大本国汽车生产厂家在美国国内的市场份额减少了8个百分点，降至57%；与此同时，外国汽车生产厂商所占份额升至43%。据统计，2005年上半年，美国国内汽车产量为510万辆，其中外国品牌车的产量为140万辆。

宝马作为世界知名的豪华车厂商，1974年开始进军美国市场，此后一路艰苦拼杀，终于在美国站稳脚跟。宝马以创新闻名于汽车业，其在美国重新定位推出的"终极驾驶机器"的概念，打动了一代又一代的美国消费者。

个性宝马，个性品牌

宝马公司的历史始于1916年，最初是一家飞机发动机制造商，1917年时还是一家有限责任公司，1918年更名为巴伐利亚发动机制造股份公司并上市。

初创阶段,公司主要致力于飞机发动机的研发和生产。宝马的蓝白标识象征着旋转的螺旋桨。1923年,第一部宝马摩托车问世。1928年,宝马收购了埃森那赫汽车厂,并开始生产汽车。之后,宝马将许多汽车制造史上的杰作推向市场,宝马车的声誉日渐高涨。

目前,宝马集团是全世界最成功和效益最好的汽车及摩托车生产商之一。2002年,公司成功销售出超过100万辆宝马和MINI品牌的汽车,销售纪录首次突破100万辆;摩托车销量超过9.2万辆。

走高档品牌之路,是宝马成功的基础。宝马集团拥有宝马、MINI和劳斯莱斯三个品牌,这些品牌占据了从小型车到顶级豪华轿车各个细分市场的高端产品,使宝马集团成为世界著名的专注于高档汽车和摩托车的制造商。

宝马集团在稳固德国本土销售的同时,也开始了全球的扩张。

豪华轿车是竞争激烈的美国汽车市场中利润最高的品类之一,所以各生产厂商都欲进军美国的高档车市场。宝马作为全球著名豪华车生产商进军美国市场,自然是其全球经营布局的至关重要的一步。

1974年,宝马进入美国市场。当时的美国市场由凯迪拉克、林肯、奔驰等传统豪华车一统天下,这些厂家经过多年的经营,在美国已经打下了深厚的市场基础。宝马面临着艰难的局面,要在美国立足就必须从传统豪华车手中夺下一块市场。

进入美国市场之初,宝马车的销售并不顺利。后来,经过调研发现,豪华车消费群已经向美国战后在生育高峰中出生的新一代人转移,这些年轻人的价值取向和父辈完全不同:中老年消费者对于奢华的装潢、配置津津乐道,年轻消费者却追求极限驾驶的快感。于是宝马调整策略,以"终极驾驶机器"的诉求吸引新一代的年轻消费者,在美国收到了良好的市场效果。

娱乐营销引爆宝马美国攻势

美国经济制度下的高生产力使得消费者获得了更多的闲暇时间,他们每周只要40个小时工作，就能赚到相对丰厚的薪金。为了满足美国民众对于闲暇的需求，城镇到处都建有娱乐场、公园；美国消费者花费许多休闲时间阅读杂志，在家招待朋友等；娱乐在美国人生活中占有十分重要的地位。

在美国出现的这拨消费热潮，其核心消费群的年龄介于35岁至44岁之间，他们的消费额比普通人高20%，年龄在45岁至54岁的人士则比一般人多消费30%。这两个年龄段的人口占美国人口约四成，总消费额占美国家庭总开支的一半。这一批战后（1946—1964年）出生的美国人，是美国经济的支柱，同样也是宝马在美国市场的核心消费群。他们重视健康、饮食和运动，也讲求生活舒适，他们希望延缓衰老，喜欢购买能够改善生活质量的产品。

因此，当娱乐营销兴盛起来之后，宝马公司敏锐地感觉到找到了定位核心消费群的营销利器。

娱乐营销就是借助娱乐活动，通过各种活动形式与消费者实现互动。电影、电视、广播、体育活动、旅游和探险等活动成为娱乐营销的重要平台，企业的产品或服务融入娱乐之中，对消费者产生潜移默化的影响。

宝马公司推出的娱乐营销战役，在电影植入式营销和创新模式的网络电影营销上有上佳的表现。

电影整合营销玩转植入概念

宝马公司在做电影植入式广告方面早就有不俗的表现。宝马在三部007系列电影里做了产品植入式广告，收到了非常好的效果。《黄金眼》的植入式广告大大促进了宝马Z3 Roadster的成功上市。之后邦德在007系列第18集《明日帝国》里驾驭的是宝马750iL汽车，到了1999年11月上映的第19集《纵横天下》，邦德的坐骑变成了宝马Z8汽车。

围绕着《纵横天下》的首映，宝马公司运用所有的营销组合，发动了一场整合营销战役。此次战役也堪称是电影植入营销的经典之役。

巨星效应发动植入式广告攻势

宝马公司最初选定电影植入式广告，是因为他们非常看重詹姆斯·邦德的巨星效应，詹姆斯·邦德的神勇与魅力，让每一个邦德迷都兴奋不已。当然，宝马做 Z8 系列广告的目的，并不是希望每一个邦德迷看过电影之后都涌到经销商那里抢购宝马 Z8，而是希望消费者提升对詹姆斯·邦德开宝马车的认知度：宝马是名副其实的世界上最好的汽车制造商。对于不买宝马车的消费者来说，同样可以分享这份惊喜：在精彩的电影世界里，拥有它、体验它。这一活动为宝马品牌增加了更多的光彩。

依托两大娱乐节目，开启全国宣传战役

宝马公司希望通过营销活动在目标消费者与潜在消费者中间建立起互动。此次整合营销战役，依托各个层面的媒体传播平台，全方位锁定消费者。

首先，宝马公司选用了电视媒体这个传统的第一强势平台。宣传的突破口选取了美国电视业的两个黄金节目类型：脱口秀节目与电视剧。

美国人在家里消磨的大部分自由时间是看电视，这是他们主要的休闲娱乐方式，脱口秀节目与电视剧是美国观众晚间收视率最高的两档节目。

每天晚间接近深夜时分，是美国几大有线电视网热播成人娱乐节目的时间，各种脱口秀节目通常被安排在晚上这个时段播出，面对成人观众可以肆无忌惮地谈论各种话题：从名人到平民百姓，凡是在新闻中出现的人物都会成为被调侃的对象，而美国总统和好莱坞明星更是其中重要的谈资。

近年来，美国好莱坞电影显出疲态，而美国电视剧的走势却越来越强劲，电视剧收视率纪录屡屡被打破，美国电视剧编导的创造力和想象力得到充分发挥。据统计，美国控制了世界上 75% 的电视节目，每年向其他国家发行的电视节目总量时长达到 30 万个小时，这其中，卖得最多的就是美

国电视剧。

1999年11月，宝马在福克斯电视网播放的《甜心俏佳人》第一季投放了插播广告。《甜心俏佳人》讲述的是波士顿一个女律师的爱情故事。主人翁艾丽·麦克比尔是个神经质的律师，她天资聪慧，善打官司，但是不太懂人情世故。观众对艾丽非常同情，使得《甜心俏佳人》第一季收视情况非常好，高收视率为宝马的插播广告吸引了大量观众的眼球。

之后，宝马又在美国热门谈话性综艺节目《今夜秀》投入插播广告。美国全国广播公司的夜间谈话节目《今夜秀》迄今已播出51个年头了，它是美国历史最悠久，也是收视率最高的娱乐节目。

杰伊·里诺作为美国全国广播公司王牌节目《今夜秀》的第五任主持人，几乎已经成为美国脱口秀节目的代名词。他的脱口秀节目一般由两部分组成：调侃新闻和名人八卦访谈。他将每天发生的大量时事新闻进行幽默的拼接组合；接着寻找一位名人，对其私生活打破沙锅问到底，给美国人的晚间生活平添许多笑料。

1999年11月，宝马在美国全国广播公司星期四版《今夜秀》里投放广告。首度播映后，广告又在美国的10个重点市场同时投放，之后宝马在美国广播公司的《星期一晚间橄榄球》、全国广播公司的《拍我》和《日界线》以及西翼和全国广播公司星期三的《法律与秩序》等栏目购买了广告位。当11月18日《纵横天下》首映之时，又在《老友记》、《弗莱泽》和《急诊室的故事》等三部热门电视连续剧里投放了广告。

星期四的《今夜秀》这一期节目里，杰伊·里诺专访了007的主演皮尔斯·布鲁斯南，节目受到观众广泛的关注。许多观众在轻松、诙谐的八卦中度过一个美好夜晚的同时，也被宝马车的广告所打动。

宝马Z8汽车逐渐成为人们茶余饭后的热门话题。

启动全国品牌战役

宝马投放的系列广告，包括电视和平面两个版本，两者实现了无缝结合，将产品信息与007的电影特色完美地融为一体。

《暗语篇》：这系列广告包括了电视与平面两个版本。

间谍们用密码进行交谈。一个间谍对另一个间谍说暗语："红知更鸟在中午出发。"这时，观众看到屏幕上出现了破译文字："这是詹姆斯·邦德的新宝马车。"两个间谍继续用暗语交谈，过了一会第三人出现了，他说："大象跑了。"不过这句话不是暗语，而是说007已经逃走了。

《恶棍篇》：这系列广告也包括了电视与平面两个版本。

一个教员在教敌方如何捕捉詹姆斯·邦德，不过她也好心地警告间谍们，他们必须避开詹姆斯·邦德的宝马Z8车，因该车速度太快、性能太好，根本追不上。

平面广告表现的是一个宝马的设计师发出了"啊哈……"的慨叹，邦德的汽车执行完任务几乎都"挂彩"。这则广告展示了宝马汽车独具特色的诉求。相比于那些强调不会被子弹击中或是被撞出凹痕的广告，更加具有真实性。

另一则平面广告则示范了邦德怎样玩转宝马车。文案写道："把这张广告彩页折起来，你会看到与007新电影里完全一样的场景。"

这个告知观众007新电影将使用宝马车的广告投放到了《福布斯》、《财富》、《时代周刊》、《今日美国报》和美国的汽车专业杂志上。

这一广告战役在1995年完成了两个目标：一是利用电影营销更有效地促销宝马产品；二是推动新Z8的销量。

在线游戏活动推波助澜

宝马公司在利用电影进行营销的同时，又推出了在线游戏，让邦德迷们有机会免费体验虚拟宝马Z8带来的惊险感受。这个在线游戏由Shockwave制作，邦德迷们可以随着游戏的进程驾驶着宝马Z8走过阿塞拜疆等地方，与电影《纵横天下》里的情节一样。为了追求与电影一样的逼真感，游戏者同样也会遭遇到来自直升机的空中袭击。一旦游戏者成功闯过两关，就可以得到一个屏保作为奖励。

好莱坞式大品牌塑造战役

现在近三分之一的美国人上网不再是收发电子邮件、阅读新闻、使用搜索引擎，他们最主要的目的是娱乐。

网络媒体的特质使其融入娱乐营销具有天然的禀赋优势。网络媒体是一个具有高度互动性的媒介平台。随着互联网技术日臻完善，实时的流量监测等技术手段广泛应用，都为企业开展网络营销提供了便利条件。

如果能够将电影和网络这两大营销利器结合在一起，就能产生令世人瞩目的效应。

宝马公司著名的网络电影整合营销战役就是在这样的背景下诞生的。

锁定更广泛消费群

2000年以前，汽车广告环境非常混乱，不论是电视广告还是平面广告，都很容易受到众多竞争对手的广告的影响，在干扰很强的媒体环境中，宝马的传统广告战役很难具有振聋发聩的效果。当时宝马公司希望突破传统的广告营销形式，花费同样的宣传费，但要起到不同的效果。宝马开始将重点转移到日益红火的网络广告上，考虑如何在互联网上拓展宝马品牌。

宝马此次战役的目标，是在高收入的中年男性消费群中建立品牌知名度，这一消费群通常愿意购买高性能的高档汽车。当然宝马也针对潜在消费群进行同样的品牌教育与渗透。

调查显示，宝马车主都是"拼命工作，拼命游乐"的人，他们能够进入最新的技术领域，有很好的控制力。最重要的是，调研显示大多数宝马的潜在购买者不看电视，85%的购买宝马车者在走进汽车展厅之前，都是通过网络研究即将购买的汽车。

所以此次定位的宝马消费群，比以往有很大程度的扩展，增加了更年轻的消费者。这些年纪稍轻的消费者的人数在逐渐扩大，而且他们将最终拥有更多的金钱。

此次营销战役最重要的目标之一是，为宝马的消费群与潜在消费者创造一次颇具魅力且愉快的体验，让这些消费者有朝一日拥有宝马的梦想成真。

网络电影战役的缘起

谈到宝马的网络电影营销战役，应该追溯到2000年秋天。当时宝马的广告公司剪辑了一部用经典追车电影镜头组接而成的短片，这其中包括了两部经典的追逐片。其中一部是1998年约翰·法兰克海默导演、罗伯特·德尼罗主演的《浪人》，该片被盛赞为最好的追逐电影之一，影片讲述的是两个狂人进行亡命追车，其中一人开的就是宝马。另一部令人难以忘怀的追逐片是《法国贩毒网》，主演是吉恩·哈克曼，他沿着火车轨道驾驶一辆小轿车狂奔。

宝马公司的营销团队认为电影短片的形式很有意思，非常新颖，这比让观众只看30秒广告强多了。观众收看一部网络电影短片至少要8分钟，如果下载的话，品牌曝光的时间会更长，并有可能分享给更多的观众。

这种电影短片的方式，为产品提供了更好的表演展示空间。它允许宝马车冲破传统产品展示的束缚，在影片中尽力展现出在最险峻、苛刻的路况等恶劣环境中的卓越表现，而这样的路况和环境在传统的电视广告里几乎无法表现出来。

网络电影本身已不仅仅是一种娱乐方式，而是一种宣传手段。宝马的营销团队在讨论之后产生了拍摄篇幅更长的电影的想法。这部电影将按照单元拍摄，最终以一个系列电影的形式在网上传播。电影里将植入宝马车产品的展示，宣传活动不需要太花哨，但是将极具娱乐性。

整个系列电影如同一道串起来的电影大餐，希望让观众在欢笑与兴奋中享受一个宝马汽车电影节。

预先评估效果

宝马公司为了评估宝马网络电影的效果,通过不断的摸索创造了一个术语:宝马曝光时长。

实际上,宝马公司在确定采取网络电影营销之时,也对目标消费群能否产生效果有所担忧。

宝马公司后来设计了一种基于传统广告与网络广告战役进行对比的评估方法。通过对以前的媒体购买数据的分析,计算出利用电视广告向宝马的核心受众群进行广而告之使用的总时长,这些时间被命名为"宝马曝光时长"。之后再用"宝马曝光时长"的数据与准备投放的网络广告的总时长进行比较。营销队伍惊讶地发现,网络广告在性价比上具有相当的优势,通过网络对核心目标消费市场施加影响,是一个很划算的宣传方式。

网络营销,再塑全新品牌形象

宝马公司决定设立一个电影网站,以便给予整体营销战役全方位的支持。从营销的角度看,宝马电影网站实现了几个目标:首先,迅速在娱乐与传媒业产生了巨大的轰动;其次,急剧提升了宝马的美誉度;第三,改变宝马车的形象,使宝马车看上去很酷、令人喜爱,而且此次营销战役将纠正以前一些消费者依照旧的品牌关联理解宝马品牌而产生的消极看法:将宝马车品牌与 20 世纪 80 年代开宝马车的那些雅皮士们的专横、傲慢和自大联系在一起。

巧思妙想,创造电影盛宴

宝马电影网站设计得非常巧妙,网站设计使用了非常简单的基于 Flash 技术的方法。每部电影短片都有自己的介绍区,介绍区内张贴了电影的故事梗概、演职员名单、片中使用的宝马汽车的相关信息等,这样观众更易于了解电影、汽车、导演和主演的情况,并对将要上映的电影产生浓厚的兴趣和期待。

访问者可以使用 RealPlayer、Windows Media player、以及 QuickTime 或宝马电影播放器来观看宝马电影,并且可以使用全屏幕形式,以获得最好的体验效果。

宝马电影播放器是用 Macromedia 控制器控制嵌入其中的 Apple QuickTime。为了使宝马电影播放器的外形更像宝马,设计队伍下了很大的工夫,让消费者在使用播放器时就能体验到宝马的特点。

除了具有播放电影本身的功能之外,播放器还可以停止、暂停甚至以半速播放,一个最不同寻常的特色是当观众收看电影的时候,能够使用控制器的菜单功能——这个功能在许多 DVD 机上都有。

访问者可根据自身的网速观看宝马网络电影,网站提供了从 56K 至 300K 各种码率的文件以供选择。

每一部短片均由广告公司编写剧本,再由一位剧作家给剧本润色。每一集都围绕着一个受雇司机的离奇遭遇展开。

为了把这些影片有机地连接成一体,宝马公司特别设计了一条"副故事线",聘请本·杨格导演将副故事线拍摄成系列片花,这些片花也由影片中的演员出演。片花的情节非常离奇,充满神秘色彩,实际上讲述了本集电影的前因后果,以帮助观众理解这一集电影所演绎的故事,结尾往往留下巨大的悬念以引出下一集电影。这些片花有机地与线下的宣传活动融合在一起。宝马公司特别为此投放了一个宣传广告,广告片里提供了一个网址,观众登录该网站会找到有关"副故事线"系列片花的故事情节。另外,观众也可拨打片中提供的电话,收听与故事情节相关的语音留言。

内容为王,奉献惊世电影精品

宝马公司为宝马网络电影设计了两个系列,共八部电影短片。名导演与娱乐界大腕的加盟,让宝马网络电影炙手可热。当然,电影选材经过千锤百炼,几部短片囊括了美国经典类型片的精髓:悬念、惊险、动作、喜剧等。宝马系列短片的故事跌宕起伏，引人入胜。

2001年拍摄《雇佣》系列片中，宝马公司启用约翰·法兰克海默（《冷血捍将》的导演）、李安、王家卫、盖·瑞奇及阿加多·冈萨雷斯·伊纳里多等知名导演，精心打造了五部各具特色的短片。在片中分别为宝马旗下2001年款的740、540、Z3、530、X5汽车进行了充分的形象宣传。

《埋伏篇》：

一辆厢型车迅速接近司机欧文驾驶的宝马车，厢型车里的蒙面人持枪威胁欧文交出后座的乘客。蒙面人声称那个老者偷了价值200万美元的钻石，乘客则说他已将钻石吞进肚子里，如果被捉住会被开膛破腹。情况危急，欧文猛地踩下油门，与蒙面人展开生死追逐……传奇导演约翰·法兰克海默和明星克里夫·欧文合作，上演了一场充满戏剧性、情节火暴的追逐赛。

法兰克海默在电影和电视导演方面的造诣使他在《雇佣》系列的导演群中备受尊重。他于1998年执导的影片《浪人》，也是《受雇》系列宝马网络电影的创作灵感来源之一。

《选择篇》：

深夜，欧文驾车到港口去接小活佛。小活佛刚上车，歹徒开车旋即追来。克里夫·欧文施展浑身绝技，驾宝马车甩掉歹徒安全到达目的地。然而，在目的地迎接小活佛的，却是另一个乔装打扮成喇嘛的歹徒，他脚上的一双皮鞋暴露了其真实身份……

本片由李安执导，情节惊险，充满戏剧冲突。片中具有神秘色彩的小活佛，由李安的儿子扮演，为本片平添了更多炒作佳料。

《跟踪篇》：

心胸狭窄的丈夫无端猜疑妻子有外遇，聘请欧文负责调查。欧文驾着宝马经过一次又一次的追踪，最终证明这位妻子的清白，只不过欧文对于调查对象产生了深深的单恋。

王家卫在这部悬疑剧中展现了理智与情感的较量。

《明星篇》：

性情暴戾的超级巨星拒绝经纪人安排的豪华车，跳上欧文驾驶的宝马，逼迫欧文载她前往典礼会场。欧文无奈地载她上路，一路施展飞车绝技，超级巨星在车里前仰后合，丑态百出。当狼狈不堪的她出现在典礼现场时，立即成为媒体追踪的焦点。

超级巨星正是由导演的老婆——麦当娜扮演的！导演盖·瑞奇执导这部闹剧。

《火药桶篇》：

一位记者因为拍摄某地的暴行，被士兵追杀身负重伤。欧文驾驶宝马接受重托，载着身受重伤的记者逃向边境。即将到达边境时，不幸被认出，一场亡命追杀立即展开。欧文凭借高超车技，在枪林弹雨中驾车冲过边境线，脱离险境，不过记者此时已离开了人世。最后克里夫·欧文赶到记者家中，将他的遗物交给其母。

导演阿加多·冈萨雷斯·伊纳里多执导本片。

《雇佣》第一系列的影片，引发了空前热映，全球的宝马热爱者与潜在用户纷纷加入观众大军。它的创意和影像效果得到了影评界和观众的一致赞赏。

趁着第一系列掀起的收视热潮，宝马北美分公司在2002年推出了第二系列三部短片，分别是由吴宇森所执导的《火线对峙》、乔·卡纳汉执导的《分秒必争》以及托尼·斯科特执导的《打击魔鬼》。第二系列所有的短片都聚焦该年宝马新推出的双座敞篷跑车——Z4上。影片充满了曲折情节与惊险动作。

《人质篇》：

某企业前雇员因索要拖欠工资未果，绑架了CEO的夫人琳达，将她囚禁于汽车后备箱，并准备沉入河中。欧文驾车前往绑匪处交赎金，绑匪当场自杀，给欧文留下一串神秘数字。欧文最终发现这串数字正是琳达的手机号码，于是驾车前去营救正沉入水中的琳达。宝马车再次赢得与时间赛跑的胜利。

《分秒必争篇》：

司机欧文与神秘使者一路狂奔，空中直升机上的狙击手的枪弹将汽车打得弹痕累累。欧文一边驾车躲闪着枪弹，一边大声质问坐在副驾驶座位上的神秘使者，手中箱里到底装着什么东西。神秘使者只是回答："我不能说，请快开车！"当甩掉狙击手赶到目的地之时，欧文发现箱子里是一颗心脏！心脏被移植给了某国家元首，一场政变也以失败告终。

《打击魔鬼篇》：

50年前，具有传奇色彩的摇滚歌手吉姆·布朗（由"灵魂乐教父"吉姆·布朗本人扮演）为了换取名利将自己的灵魂出卖给魔鬼加里·奥德曼。可是岁月如梭，吉姆·布朗老了，于是雇佣欧文与他一同去会魔鬼加里·奥德曼。吉姆·布朗要与加里·奥德曼打一个赌，如果赢了，吉姆·布朗出卖灵魂的交易一笔勾销，他将赢回50年前的灵魂。欧文、吉姆·布朗与魔鬼加里·奥德曼决定通过赛车一决胜负，最终欧文驾驶宝马打败了魔鬼加里·奥德曼。

网络电影的全新地位

广告界人士对宝马公司的创举更是赞不绝口，认为宝马公司的这种广告形式明白无误地证明了这样一个事实：尽管尚无衡量网络广告与销售的直接关系的工具，但对树立品牌确实行之有效。这个创新广告形式与以往的网络广告形式有着本质的区别，以前只是几个横幅广告或是加入flash动画，网络电影则从全局着眼，以吸引观众对产品的注意、树立品牌的形象为宗旨。今后，人们花在网上的时间会越来越多，而有消费需求的人也会通过网络进行购物前的咨询。专家认为宝马公司的网络电影广告给网络广告的创新指引了新的方向。

全方位娱乐营销战役

这次战役，宝马公司建立起自愿接收宝马宣传活动信息的电子邮件的消费者数据库，这些消费者允许宝马公司定期给他们发送有关产品信息的电子邮件。参加活动的消费者也可以登录宝马美国公司的网站查阅相关信息。重要的是，通过让消费者获得有魅力、愉快的体验，宝马公司树立了公司的品牌形象。

宝马公司围绕着电影网站组织了相应的在线营销活动。不过，传统媒体的宣传也同样重要，并为宝马电影网站吸引了相当多的访问者。

应该说，在普通报纸的娱乐版面看到宝马车的广告，比在汽车版上刊登的广告更让消费者记忆深刻。

网络营销立奇功

宝马网络电影网站的访问量达到破天荒地增长。根据 Nielsen/NetRatings 的统计，到 2001 年 5 月 27 日，宝马网络电影网站的访问量增长 55%，达到 21.4 万日访问人次。核心受众人群男性访问者占 68%，其中 33% 的访问者的年龄在 35 岁至 49 岁之间。

第一系列电影在最初的 46 天里吸引了 1450 万人收看，到 2002 年秋天推出第二系列时，这一数字增长了 50%。

访问者在宝马网络电影网站平均逗留 6 分钟以上，38.7% 的访问者在线收看电影，这还不包括那些使用专用播放器观看短片的人。

超过 40% 的访问者年薪在 7.5 万美元以上，其中一半以上的人使用宽带上网，而且这些人拥有可观的可任意支配的收入。宝马公司锁定了正确的受众群，并与之建立了正确的关联度。

网站推广一次就达到了效果，宝马的销售量在增长。根据美国《汽车新闻》的统计，宝马车在美国的销量 2001 年 6 月达到 20.25 万辆，比 2000 年同期增长了 32%。

网络电影启动全球营销战役

宝马汽车电影网站一开通即成为高知名度、高预算的名人广告影片与娱乐网络联姻的纽带。《纽约时代》的电影评论家埃文斯·米歇尔说："这部系列电影是商业与创造力的联姻，横跨在不断缩小的艺术与广告推销的分界线之上。"

宝马公司在网上推出最后一集短片后，在 Bravo 和独立电影频道等有线电视网上购买了时段，同步播出，并将拍摄剩余的素材镜头及成品电影制成 DVD 派发给观众。

用户必须注册才可收看电影，这也为宝马未来开展数据库营销做好了充分准备。

根据线下促销活动的安排，宝马公司为宝马的车主们在全美范围内进行特别放映活动。从品牌塑造角度看，通过宝马电影网站的推广活动，宝马成功地达到了全球网络整合宣传的目的，而电影网站打响了宝马全球营销战役的第一枪。

品牌生存游戏
——Aztek 上市整合营销案例

品牌建立之时，如果能够赶上轰动一时的大事件，将使品牌建设事半功倍。不过，这需要很大的勇气与周密的营销策划。哥伦比亚广播公司推出大型野外真人秀电视竞赛游戏节目《生存者》之前，找到庞蒂亚克（Pontiac）公司的 Aztek 汽车公司，希望它加盟成为战略伙伴。

《生存者》讲述的是 16 个陌生人被放逐到一个热带小岛上，每一集的结尾将有一个人被同伴投票取消资格，淘汰出局，最后的一个人将赢得 100 万美元的奖金。落难者在岛上的所有活动都暴露在观众面前。

此时庞蒂亚克公司也在为 Aztek 上市寻找定位潜在消费群的机会。它在仔细分析了剧情以及潜在观众群以后，认为这个真人秀节目的观众与 Aztek 汽车的消费群——既包括传统也包括非传统的年轻单身者和年轻夫妻很吻合。这些核心消费者喜欢参加许多活动，并对他们所做的事情充满热情；新的产品和做事情的新方法都会引起他们的兴趣，他们就是经典营销所定义的革新者和早期接受类型人物。

于是，Aztek 汽车成为《生存者》的汽车赞助商，这也就意味着庞蒂亚克公司可以在系列剧中播放广告。

后来证明，这是个明智之举，《生存者》成为美国最火热的真人秀节目，庞蒂亚克公司原计划能够得到市场份额的 4% 至 5%，但是借着这部戏的热播，它的市场份额后来达到了 16% 至 17%。

庞蒂亚克公司并没有沉浸在《生存者》的成功给品牌带来的不可想象的知名度提升上，庞蒂亚克公司清楚地意识到要建立一个 360 度全方位的品牌，单单依靠电视广告是不够的。除了电视广告及各种类型的平面广告之外，庞蒂亚克公司还策划了一个在线营销战役，并成为整个营销策略的关键部分。在互联网上曝光是定位目标消费群至关重要的一步。

营销负责人解释说，他们紧跟那些锐意革新者和早期新事物接受者的后面，发现网络是捕捉到这类受众和与之建立起联系的最完美的工具。

网络广告被整合进媒体计划里，同时挑选几个不同类型的电视频道投放广告，增强网络宣传力度，以确保在潜在受众群里充分施加影响。

首先，Aztek 汽车赞助《生存者》的官方网站，并投放广告。《生存者》的官方网站上不但有庞蒂亚克公司的横幅广告，而且在《生存者》主页的顶部和底部设有 Aztek 公司的链接，可直接连到 Aztek 网站。另外，《生存者》网站还组织了一场有奖竞猜活动，上网者可以竞猜谁在每周的节目中被淘汰，凡符合条件的竞猜者可以赢得一辆 Aztek 车。

Aztek 的在线广告除出现在《生存者》官方网站以外，在 Cars.com、BlueBook.com 等专业汽车网也进行了投放，以便给寻找购买汽车信息的用户提供更多第一手的资料。此外在 outside.com、探索频道和 ESPN 的网站上也投放广告。

这些一致的创意主题，提高了消费者对在线广告的兴趣。人们拥有的对于某一品牌的暗示越多，越能够刺激他们继续收集产品信息，最终作出购买决定。

电视节目与网络联合投放主题相同的广告是品牌传播的完美形式。目标消费者看过电视节目以后，会登录网站寻找更多的信息。当消费者在网站上看到横幅广告或其他形式广告的时候，更有兴趣了解更多的产品介绍。线上和线下协作宣传创造了与消费者更多的接触点。

Aztek 通过联动宣传，有效提升了品牌知名度，进而促进了销售。

好莱坞的魅力

——Intrigue 汽车上市个案

通用汽车公司的子公司奥兹莫比尔（Oldsmobile）Intrigue 汽车上市之时，以大制作影片为营销突破口，在目标消费群中建立广泛的认知度。《终极杀手》的导演托尼·斯科特独辟蹊径，不落传统汽车广告的俗套，为 Intrigue 汽车制作了一系列具有神秘色彩、情节曲折的广告片。

媒体宣传策略突显了"好莱坞风格"。宣传活动首先在电影院开始，之后在美国国内电视及杂志上全面展开。

Intrigue 汽车的目标消费群，与传统的奥兹莫比尔汽车公司的用户有一个重要的区别：Intrigue 汽车定位于更年轻的、阶层更高的消费者，他们的年龄在 35 岁至 54 岁之间，他们的家庭收入超过 6 万美元，绝大部分人受过大学教育，他们不但欣赏进口车的性能及可靠性，而且也需要有与众不同的特色。而奥兹莫比尔汽车公司之前给消费者的感觉是消极的，Intrigue 汽车不得不努力去消除消费者们的这种看法，希望通过出人意料的、引人入胜的创意和媒体宣传策略对这类消费者施加影响。

营销团队选取 7 月 4 日美国独立日所在周的周末发动了宣传攻势。当常去看电影的人们坐在黑暗中，等待观看美国夏季巨片的时候，奥兹莫比尔公司自己制作的"巨片"——60 秒 Intrigue 汽车的广告片——首次公映了。到 8 月中旬，广告片随 6000 场电影放映时，3000 万观众收看了广告。

营销团队并没有只是停留在电影贴片广告这一简单的宣传形式上，他们继续寻找创新的策略，期望增加观众在电影院所得到的感受。为了改变观众对品牌的认知和最大限度地使观众参与到宣传活动中来，营销团队设计出一个电影院内的促销活动。邀请观众参加一个有关汽车的竞猜活动，凡是猜中 Intrigue 汽车是奥兹莫比尔汽车公司产品的观众，有机会参加下一阶段的抽奖活动。另外，Intrigue 汽车的巨幅广告海报放进了影院的宣传橱窗，用平面广告的形式对广告片进行补充说明。

Intrigue 汽车与《食品与酒类》杂志合作，在底特律两家电影院进行了两个月的宣传，他们把 Intrigue 汽车放进了电影院的大厅。同时，在芝加哥、兰辛和底特律，为奥兹莫比尔汽车公司的雇员和销售商独家放映《空军一号》，放映期间，进行了一系列有关 Intrigue 汽车的抽奖活动。

电影院随片广告播出 4 天以后，又在美国国内电视网播出 30 秒和 60 秒两种形式广告。营销团队认为，充满神秘色彩和戏剧化情节的广告，通过电视网将会迅速产生影响。于是，Intrigue 汽车趁热打铁购买了《急诊室的故事》、《X 档案》、《墨菲·布朗》和《埃伦》等高收视率电视剧插播广告位。

电视广告推出不久，美国国内平面广告宣传也开始了。Intrigue 汽车的平面广告刊载于 8 月份的专业汽车杂志上，用以扩大认知度和争取那些更关注于每年推出新款车型的车迷们。最初两星期，在《今日美国》上刊登了三个整版的彩色广告。9 月份，开始实施在消费者杂志上的广告攻势。这些出版物包括：《旅行者》、《建筑学文摘》、《世纪》、《在线》、《餐馆》专栏以及在《人物》上开展了一项题为"25 个最具吸引力的人"的活动。使用出版物的目的是，向目标消费群进行详细介绍，并迎合更热衷于进口车用户的想法。

同时，开展大规模试驾活动，让消费者有机会体验 Intrigue 汽车的优点。

传统，地面宣传推广活动也一同展开。奥兹莫比尔汽车公司与《X 档案》联合进行了整合媒体宣传活动；同时拍摄了一部介绍该公司汽车经销商的电影预告片，供经销商在展厅播放；电影院收费处免费发放印有 Intrigue 汽车的明信片和诸如手电筒、太阳镜一类带有 Intrigue 标识的小礼物。

Intrigue 也推出了户外广告宣传战役，在主要城市的街道两侧喷上 Intrigue 汽车的标识。

广告宣传开展之后的短短 6 个月，Intrigue 汽车的认知度一下子达到 48%，超过其他新产品。重点广告超过预期效果，获得了 50% 用户的认可。零售商报告，广告吸引了从来没有考虑购买奥兹莫比尔汽车的消费者。销售结果表明，31% 购买 Intrigue 汽车的用户，此前未拥有过通用汽车公司的汽车。据此后市场服务机构的分析，99% 的观众对 Intrigue 汽车在电影院的随片广告表示满意。

SUV 的风格化突破

——尼桑 Xterra 上市营销战役

美国汽车市场,运动型多功能车(SUV)常销不衰。这与美国人的生活习惯、消费观念等都有直接关系。

美国家庭中,汽车消费结构正在发生重大变化,拥有两辆以上汽车的家庭数量在上升。美国人会根据不同需求驾驶不同的汽车,上下班、外出购物开小型车,周末郊游或长途旅行开 SUV。

美国的国内与国外汽车厂商都盯住了 SUV 这一利润颇丰的品类,全力设计推出各式各样的 SUV 车型,但是市场上的 SUV 不是车型太小,使实用性大打折扣,就是车型太大,价格超过了大多数消费者的经济承受能力。

日产看到这个机会,决心把 SUV 打造成与众不同的产品,其下属的尼桑品牌营销团队对 SUV 进行了深入的分析。团队经过深入的探讨,认为只有回归运动型多功能车最初的设计构想,才能寻找到一条全新的道路:为消费者精心打造一款能够到达任何地方的车型。

于是尼桑很快推出了新款 SUV:Xterra。尼桑公司认为 Xterra 品牌面对四大挑战:

第一,当时,尼桑公司不论从公司到具体的汽车品牌都未进入健康品牌的排列。刚刚迈入新千年之时,也是 6 年来消费者购买意愿最差的一段时间。9 个月以来尼桑把大多数营销预算都投入到一个亏本销售的促销活动里面,但是消费者终因受到更健康汽车品牌、更诱人的新兴趣点的吸引,纷纷放弃尼桑车,购买了其他品牌汽车。

第二,在 SUV 品类中,尼桑汽车在消费者心中的可信度较低。该公司在 20 世纪曾经出品过一款 SUV Pathfinder,虽然使用了高额现金刺激手段促销，但是产生的市场效果不是十分理想，使良好的品牌形象受到一定的影响。

第三，SUV 品牌之间的竞争是十分残酷的。10 年来大量新品牌涌入市场，美国本土的汽车制造商用咄咄逼人的营销攻势和健康的品牌形象占据了 70% 的市场份额。面对这一挑战，尼桑公司在营销预算上量力而为，与每年美国整个 SUV 市场近 15 亿美元的广告费相比，尼桑公司显得小心谨慎许多。

第四，新款的 Xterra 与旧款 Pathfinder 具有惊人的相似之处。相同的发动机、相同的马力、相同的价格优势，且与 Pathfinder 一样给予经销商很大的鼓励政策。如果无法大力宣传令消费者十分感兴趣的特色，这两款车的前途将非常令人担忧。特别是 Xterra 的销售量不能够通过侵占 Pathfinder 的市场份额换得，因此营销战役的目标是使 Xterra 全力挖掘出 SUV 市场区隔中的销售潜力。

定位年轻消费群

尼桑为 Xterra 设定了咄咄逼人的目标。为了获得更多的市场份额，营销队伍必须发掘至少 80% 的新用户，建立起一个有巨大需求的消费者群体。为了达到这个目的，尼桑设定了三个目标：

首先，建立起 Xterra 的品牌知名度和认知度。

其次，将 Xterra 独具特色的产品信息广为传播。

再次，推动消费者购买 Xterra，同时促进经销商的交易量。

尼桑汽车设计部研究了 Xterra 的可能购买者。调研发现这款车的目标群体是 25 岁至 34 岁的青年男女，他们希望拥有一辆 SUV，但承受不起高价，于是他们会购买一辆二手 SUV 或皮卡。

这些年轻人如何看待一辆 SUV 和它的用途呢？

第一，他们希望拥有一辆崭新的 SUV，但是如果这款车已被雅皮士或打算将 SUV 当成旅行车来开的人选中的话，他们宁愿放弃此款车型。

第二，他们不希望要一辆像绝大多数 SUV 汽车广告所宣扬的具有越野效能的SUV。这些年轻人是户外活动爱好者，渴望在各式各样的户外体育活动中挑战自己的极限，他们酷爱高山滑雪、山地自行车、越野跑、激流皮划艇、攀岩等户外运动。他们是去做这些极限活动的时候，才遇到越野的路况。他们不会为了越野而越野。

第三，他们把皮划艇、冰镐、山地车、绳索、滑雪板等户外运动装备视作最珍贵的财产。为了在户外运动中得到更大的快乐，他们愿意花费高价购买。

突破整合传播定式

营销团队仔细研究这个目标受众群，认为必须在这些特别的年轻目标受众与Xterra品牌之间搭建与众不同的关联，让目标受众将Xterra当做自己心中的那辆SUV。这一定位也只能通过一个情感层面的沟通来获得。建立了特殊关联之后，这些消费者不仅会成为Xterra的拥有者，而且更成为Xterra的忠实宣传者。

营销团队为广告设定了一个简明的目标：广告的传播必须将Xterra塑造成为为户外运动爱好者量身定做的SUV，它是一件专为他们设计的集功能与实用于一身的户外活动必备工具。

广告创意集中表现Xterra的功能性特色和可选附件的特色，例如带工具箱的管形行李架、大容量载货空间、急救箱等可任选的附件。虽然大多数SUV都提供了可选配件，但是Xterra的广告则着重强调产品的特性：Xterra提供的附件是可靠且独一无二的。

总体来讲，Xterra的营销传播很好地捕捉到了户外运动爱好者的喜好，并与户外运动所宣扬的精神建立了联系。广告启用运动员作为代言人，广告创意展现了一种对户外运动的渴望并传达出一个事实：Xterra是户外运动的特别工具，帮助您到达想去的地方，让您尽情享乐。

营销队伍为Xterra品牌传播选用了最可靠的方式：口碑传播。他们特别为Xterra创造了一些与户外运动爱好者接触的机会，让他们亲身体验与检验Xterra汽车。除了使用传统媒体发布广告之外，还使用游击战营销等方式，为 Xterra 创造出更多的宣传热点。

上市前期和上市期间，Xterra 停放到海滨冲浪现场、滑雪胜地等，这些都给户外爱好者在第一时间和机会接触到新车型的机会。

尼桑赞助了"Xterra 美国之旅"，这是一个全美范围内的三项全能运动系列锦标赛（包括山地自行车、游泳和越野跑）。锦标赛的决赛在哥伦比亚电视网上播出。

为了能在目标受众群的生活中保持持续不断的曝光率，尼桑赞助了一系列区域性户外比赛与活动。

新车上市前 6 个月，尼桑创办了一个特别的 Xterra 网站，为热心来访者提供 Xterra 品牌的相关信息，并鼓励他们重复访问。网站上先介绍汽车的概况，之后展示了汽车的外观，相关信息被一点点地透露出去，新车上市时才全面除去面纱。

媒体策略方面，精心地将 Xterra 植入与户外用品相关的广告环境里。在户外体育爱好者关注的体育和其他活动中，全面发动平面广告攻势。这个多层次多重复合的策略包括：

对近 40 家户外生活形态的出版物进行了广告投放，以保证核心消费群接受到有效量的宣传影响力。杂志选用了《山地车》、《滑雪板世界》等。在大多数平面媒体中，Xterra 是第一个和唯一的汽车类广告主。正因为如此，媒体计划最终得到了增值效益：这些广告更进一步地将 Xterra 定位为户外运动爱好者的汽车。

营销队伍认识到 Xterra 的知名度必须得到延伸，所以购买了无线和有线电视网的体育节目中的相当数量的电视广告，并且在生活类出版物上投放平面广告。按比例加大了对区域电视台、广播和户外广告等的宣传预算，以有效配合核心市场的营销活动。

在广告预算不多的情况下，Xterra 的营销队伍设计了多重复合的媒体组合策略，为整个宣传活动的成功提供了保证。整个 Xterra 促销活动的广告费支出不到竞争品牌广告费支出的 5%，却取得了出色的效果。

营销战役的成果

Xterra 的上市成为尼桑最成功的宣传活动之一。

根据 Diagostic 研究公司对尼桑公司的追踪调查，Xterra 上市之后的 15 个月内，其知名度在有购买 SUV 汽车意愿的被访者中占到 86%；有购车意愿者中，3 个被访者中有 1 个人在未提示的情况下，能够回忆起 Xterra 的广告；对比户外体育爱好者与未参加户外活动的消费者，户外体育爱好者对 Xterra 的认知度高出 19%，对车辆的评价上高出 58%，购买意愿考虑上高出 35%。

Xterra 有效地建立起自己的形象：成为了一个最坚韧、最坚固的户外用品。Allison – Fisher 调研的结果显示，将 Xterra 与所有 SUV 区隔内的竞争对手进行比较，发现该品牌的形象胜过了该品类品牌的平均值，消费者认为 Xterra 是一辆"适合参加体育运动的"、"具有越野性能"和"价格合理"的"家用型好车"。

尼桑公司的形象得到实质性改善，整体 SUV 市场销售提升 4.3%，Xterra 则提升到 8.9%，Pathfinder 的销售量继续保持。

凯迪拉克：演绎网络化动态游戏

　　凯迪拉克希望逐渐加强对年轻人的宣传力度，以便能够在推广2002年款Escalade运动型多功能车（SUV）的时候，更快地进入年轻消费群这一极具潜力的市场区隔之中。2001年，通用汽车这一豪华品牌分步推出一个大型的DVD游戏大赛的活动（"Escalade动力游戏"），也是美国汽车行业首次使用DVD作为一个营销载体。这一游戏要求参与者使用Escalade车战胜困难与各种艰难，最终为世界恢复秩序，大奖获得者将赢得一辆Escalade SUV车。这一游戏与互联网宣传相结合的战役针对更年轻的、喜欢高科技产品的年轻受众。

　　游戏光盘通过现场派发、汽车展览、邮寄商品目录和试驾等活动逐步送到消费者手中。凯迪拉克营销负责人说，当活动推出的时候，大多数参与者来自凯迪拉克的网站。根据相关统计数据，在2001年前4个月凯迪拉克网站的月访问量都达20万人次。

　　凯迪拉克希望在35岁至50岁的目标消费群中推广Escalade SUV车。业内人士十分怀疑通过一张光盘是否能够定位这样广泛的受众群，但是凯迪拉克网站的在线调查表明，超过60%的SUV车的受众得到了DVD光盘，他们同样也喜欢这样的游戏。

　　每一张DVD上有一个注册码，希望赢取SUV汽车、Motor-Craft汽艇或Indian摩托车等大奖的参加者必须先注册。注册后，参加者需将首次游戏时的得分和一些私人资料交送网站，参与者可以查看在凯迪拉克网站的名次，并可将DVD光盘转送给朋友。

　　营销队伍通过调查发现，游戏是他们定位的潜在消费群最喜欢的娱乐活动之一。游戏者开始在一些网站的聊天室里分享玩"Escalade动力游戏"的经验和秘技。参与者平均玩游戏的时间是一个小时，这比预计的25分钟长多了。

根据数据显示，凯迪拉克针对年轻人的这一策略定得非常精准。在大约1年半的时间里，Escalade 车的购买潜在人群一直都在增长，未来购买者的平均年龄是 42 岁，比其竞争对手福特公司的林肯 Navigator 的潜在消费群平均年龄 56 岁年轻了许多。

尽善尽美的诱惑之旅
——雷克萨斯美国品牌定位案例

从新千年开始,美国市场格局与消费者形态发生了巨大的变化。越来越多的企业都希望把年轻消费群变成自己的用户。为了争夺不同的市场,汽车公司纷纷研发出定位不同消费群的产品。

2001年春季,丰田旗下的雷克萨斯(2004年6月8日之前的中国市场,雷克萨斯被丰田命名为凌志)决定推出敞篷豪华车SC430的时候,遇到了前所未有的挑战。

雷克萨斯作为一个成功的汽车品牌,已经在消费者中拥有了良好的口碑:稳定的高质量,博得了众多客户的好评。可是有一个问题,雷克萨斯的品牌一直被消费者视为缺乏活力与热情。雷克萨斯经过深入的市场调研,决定为品牌打造一个富有激情、活力四射的品牌形象。

情感诉求成为营销主线

丰田公司希望通过启动一个品牌营销战役,与核心消费群产生更为感性化的关联。据此丰田公司制定的营销战役的目标主要在于品牌资产的建立,同时也希望带来更大的销售量上的增长。不过,扭转在消费者心中的形象,挖掘出更多的潜在消费者显得更为重要。情感诉求成为整个雷克萨斯SC430上市的营销策略主导。

雷克萨斯发现有着豪华生活的夫妻消费者,如果对一款车型感兴趣,就会产生强烈的购买欲望,而且对该汽车公司的整个产品线都会产生兴趣。调研同时发现,情感的因素将对豪华敞篷轿车的潜在购买者产生很大的影响；他们对于汽车的款式、性能有兴趣，但是对传统的汽车宣传中的利益点诉求（例如安全、价值和操作性等）关注度不高。

尽管此前雷克萨斯为了更新品牌形象，已经将经典的广告语"不懈追求尽善尽美"，改变为"激情追寻尽善尽美"，但是调研显示，消费者依然将雷克萨斯车看作是"传统和单调沉闷"的品牌。

2000年4月"纽约汽车展"上，雷克萨斯在参观者中进行了有关雷克萨斯SC430车型的民意调查。现场民意调查显示，参观者认为SC430是雷克萨斯产品线的一个合理延伸，此车型完全充满了活力，使整体雷克萨斯的品牌因此获得最大限度上的活力与激情。在美国达拉斯汽车学术讨论会上，雷克萨斯SC430与它的竞争对手齐聚一堂，业内专家从消费者购买兴趣，以及外部、内部的评价等方面进行综合考核，该款车型得到了最高的评价。

该款车的时髦、豪华的外形设计被描述成"精益求精，令人兴奋"，驾驶这个类型的车主被描绘成"创新的、个性化的、时髦的"人士。

异国情调传播策略沟通受众群

雷克萨斯公司在营销战役中采用"异国情调"的传播策略，将SC430双门敞篷轿车定义为"诱惑的、迷人的"车型，所有的广告也归为一个形容词：诱惑，这也成为宣传的核心信息。为了传播这个诉求点，创意队伍选用法语的"Francais"这个单词，作为广告语。电视广告战役取名为《新上市的敞篷车》，所有的电视广告都加入了一些象征性的、很容易理解的法语单词和短语，这些法语单词和短语阐明了SC430双门敞篷轿车对那些不期而遇的人所产生的不可想象的影响。比如在一个广告片里，一群骑自行车的人停下车，一起凝视着雷克萨斯跑车；另一个广告片里，一只狗目瞪口呆地站在雷克萨斯面前，不愿再向前挪一步，广告语是一句法语："你是否渴望拥有？"

这个广告集中投放到洛杉矶、迈阿密和纽约，再在这些城市同时开展一些活动加以配合。

法语的使用成为整个战役的核心。法国特有的浪漫气息，完全地注入到雷克萨斯产品之中，突出强调感情诉求；法语贯穿于广告的始终，使雷克萨斯拥有的激情、热情和诱惑特质得以全面展现。调研结果显示，广告的效果非常好，达到了预期目的，而雷克萨斯此前曾一直担心在英语频道上投放法语配音广告效果不佳。

成功转型

"新上市的敞篷车"广告战役的主要成果不仅提高了 SC430 的销量，而且增加了整个雷克萨斯品牌中情感的关联度。感性的"语言幽默"使雷克萨斯品牌收获颇丰：营销战役之后，雷克萨斯品牌整体的评价上升了 11%；消费者对于 SC430 的偏好度比同类别的其他产品高得多；在推广活动之后，SC430 成为该市场区隔中的销量领跑者。

第六章

美国零售业营销

标靶基因
——塔吉特百货店品牌整合战役

美国零售业经过近百年的发展，百货巨头纷争割据，竞争激烈，不论是全国性企业还是区域性企业都陷入了你死我活的竞争之中。

特别是近几十年，消费环境、消费习惯的改变与科技大跃进，使美国的零售业始终处于剧烈的动荡之中。西尔斯、凯玛特、沃尔玛、塔吉特等百货公司是这一历史进程的最佳见证者与参与者。此期间，西尔斯几经沉浮；凯玛特在2002年申请破产保护；沃尔玛通过不断发展成为美国第一大零售业巨头；塔吉特凭着时尚的特色保持着勃勃生机……由此看出，凡是能够追求自身发展，创造不同特色的百货企业才能独善其身，保持良好的生存态势。

美国零售业经营的最大特点就是追求差异化。沃尔玛从乡间小镇和小城市起家，以星火燎原之势，采用"农村包围城市"之策，在全美布点，以"天天平价"的诉求、实惠的价格赢得了广大消费者，成长为美国乃至世界上最大的零售公司。凯玛特作为美国的老牌百货巨头，在20世纪70年代一度成为美国百货业的一面旗帜；但是在折扣店咄咄逼人的攻势下，传统百货业逐渐衰落，凯玛特也因为经营乏力，最终申请破产；2003 年 5 月脱离破产保护后，通过削减成本和出售商店用地等资产的方式积累了大量现金，于 2004 年宣布与西尔斯合并，合并后新成立的公司名为西尔斯控股，重新成为零售业的重要玩家。

塔吉特（Target）作为美国零售业的老字号，以独特的经营理念，成为美国零售业位居前列的佼佼者。塔吉特最早的店铺出现在 1902 年。1962 年，塔吉特的母公司戴顿公司推出折扣购物业务，并开设第一个塔吉特折扣店，这标志着塔吉特公司正式从区域性传统百货连锁公司进军折扣百货业。1968 年，塔吉特的标识重新设计成为现在的靶心标识。1975 年，塔吉特成为母公司收益最好的业务单元。2000 年，塔吉特的母公司正式更名为塔吉特公司。

当零售店都在拼价格的时候，塔吉特通过品牌重塑战役、气势逼人的网上交易和带来巨大收益的金融卡服务，以特色取胜，不失为一个成功的范例。

时尚定位，确立稳固市场地位

塔吉特公司的母公司戴顿公司在 1962 年之前，一直以开设百货连锁店作为主要的赢利模式，被誉为"最佳市镇零售店"。那时一同出现的百货店还有沃尔玛和凯玛特。

随着折扣零售业的兴起，传统的百货业受到严重挑战，此时的戴顿公司看准时机，于 1962 年进军折扣零售业，从一开始即定位为"时尚"百

货，以实惠的价格让消费者购买到高档时尚商品。

塔吉特的折扣零售业务一直是戴顿公司最大的生意来源，因此，新千年伊始，戴顿公司也正式更名为塔吉特公司，向消费者传递一个更为统一化的企业形象。

自新千年开始，塔吉特公司的经营策略也有了更多的突破。

首先，重新创造折扣店的概念。塔吉特公司在生意中，持续地将创新、设计与产品价值结合在一起，提出"更多期待，更低价格"的品牌承诺。通过一系列经营策略的创新，打造了一个令世人愈来愈瞩目的品牌。塔吉特公司更名，其目的非常明确：全力向消费者推介塔吉特红白相间的靶心形象的公司标识，给人们熟稔且清晰的感觉。靶心标识意味着定位精准，更容易突出塔吉特公司的企业定位。塔吉特公司的价值主张是，顾客不但享受宽敞舒适的购物环境，而且还能以比传统百货公司更低廉的价格买到商品。

其次，塔吉特继续沿用与众不同的经营策略。许多美国零售商通常是要等到制造商生产产品的最后阶段，要进行广告宣传时，才会参与进去。塔吉特则不同，经营、销售、品牌塑造等方面都渗透着其创新性的思路，这也奠定了其成功的基础。

针对新千年的更名，塔吉特公司推出了一个大型品牌塑造营销战役。

锻造标靶基因，重新塑造全新品牌形象

品牌塑造是一个长期的工程。塔吉特公司这些年来一直使用的口号是"更多期待，更低价格"，这句广告语体现了塔吉特公司的经营理念：塔吉特公司是可以信赖的。这句强有力的广告口号给消费者一种稳定的感觉，电视与平面广告里面都采用了它。

借名人，拓通路，借势造势

通过调研发现，越来越多的美国人在家里待的时间更长，于是塔吉特

公司掀起了这个名为"快快乐乐在家中"的营销战役。

在过去的营销战役中,塔吉特重点在于诠释对所服务的顾客生活方式的理解。这次品牌塑造战役,塔吉特引入了名人战略——一些与塔吉特签约的著名设计师作为代言人在广告里现身说法,这也成为零售业品牌塑造中独一无二的创新策略。

这个战役是将设计师与品牌整合在一起,由设计师向观众讲述感人的家庭故事。通过这个特别的宣传活动,塔吉特公司品牌进入了顾客的家中,这次不是向顾客推介商品,而是让消费者更感性地看待塔吉特商店。

以著名设计师托德·奥尔德曼为主角的系列广告就是其中典型的例子。托德·奥尔德曼在电视广告里向观众讲述孩提时代的生活以及成长故事,并向顾客推荐商品。这种名人现身说法的方式被证明十分有效,当广告开始大规模投放的时候,引起了众多顾客的关注。

系列营销活动打造时尚品牌

塔吉特公司通过一系列大型宣传活动,树立其个性鲜明的品牌形象。这一缔造过程从1999年确立品牌标识(红白相间的标识——靶心)开始,至今已经经历了三个重大的阶段。

宣传战略采取最大化手段进行多层面、多角度传播,以求迅速在目标消费群中产生积极的效果与影响深远的品牌效应。整个宣传活动最重要的目标之一是,如何让目标消费群深深地记住这个简洁的红色靶心标识。

第一阶段,1999年。这一阶段的主题是"靶心世界"。营销战役一开始即深入到刺激又略带怀旧情绪的流行文化领域里面。广告中,身着印满塔吉特公司标识衣服的年轻男女快乐无比,他们一边尽情享用红色靶心形状的果冻,一边在贴满靶心图案墙纸的房间里狂舞。

借助时尚的冲击力,这家原来定位于高消费阶层的折扣店在全美确立起自己的新形象,使靶心标识跻身于著名广告标识的行列。通过这次宣传战役,塔吉特公司很好地转型为廉价时髦商品供应商。

《时代标识篇》电视广告对塔吉特公司标识的传播起到极好的推动作

用。特别是一幅平面广告，更是深受消费者的喜爱：一只白色的小狗，一只眼圈上画上了靶心的标识。当宣传战役展开后，印有靶心眼圈的白色小狗的卡片，成为消费者最喜欢的赠品。

第二阶段，2000年春天。塔吉特公司决定更好地运用捆绑营销的形式，全力积淀品牌资产。"流行艺术"广告宣传战役就是这样酝酿出来的。宝洁等企业加入了联合营销。例如一则平面广告表现的是，整幅画面被等分为若干小画面，每幅小画面都陈列着一个汰渍洗衣粉包装盒或是一条旧卡普里牛仔裤等。时尚色彩与大众商品相映成趣。捆绑营销使商品制造商与经销商同处于一个传播的舞台，达到合力的目的。

2000年春天，名为"扮彩我的世界"的广告战役重新推出。这个宣传活动吸引了更多企业加盟捆绑营销。可口可乐第一次成为了"红色"主题的联合战略伙伴。

第三阶段，2001年。塔吉特公司继续推出新一拨主题为"对准靶心"的品牌宣传活动。活动特别引入设计师迈克尔·格雷夫斯设计的产品，由塔吉特公司专卖，以此借势时尚文化进行品牌渗透。

网站经营，提升品牌竞争力

传统的零售商已经开始或多或少地介入了网上交易，塔吉特公司同样毫无例外地开设了商务网站。

网上零售业务的开展，使塔吉特公司的销售渠道得以延展至虚拟空间。创新的定位使塔吉特更加特色鲜明地展现在消费群面前。从品牌的角度上看，它已经成功地把自己定位为一个紧跟时尚、能够迅速捕捉时代潮流的零售店；但其提供的商品价格又是普通消费者能够接受的，低廉的价格才是赢得且稳定住其核心消费群的利器。

在网站运营过程中，塔吉特公司将其所倡导的"大城市风格"的概念推销给大众消费者；为了体现大战略伙伴联盟策略，塔吉特公司独家签约伊萨克·米兹拉希、迈克尔·格雷夫斯和利兹·朗格等众多的知名设计师，吸引众多消费者慕名前来抢购由塔吉特专卖的上述大师设计的商品。

网站细致入微的设计进一步将塔吉特定位为一个价格合理且与时尚同步的零售商品供应商。

塔吉特公司的网站为了便于交易，在网页上提供了有如店铺销售一样的丰富多彩的货品信息，这样消费者浏览网站的感觉和光顾塔吉特实体商店没有太大的差距。网站的设计风格不同于传统的商务网站，提供了详尽的厂家和商品信息，以便顾客进行选择与参考。

用户可以很容易地申请一个塔吉特网站的账户，有了这个账户，他们就可以追踪自己的订单和进行交易，这同样也为塔吉特的销售部门提供了宝贵的客户资料。网站上的商品像在实体店铺里一样进行了细分，例如女士、男士、婴儿、家具、电器等。网站还提供一个功能强大的搜索引擎，"想要什么？""需要什么？""找到了！"等分项搜索标识，方便顾客查询商品。

塔吉特网站支持消费者按地区分类查阅每周商品通告，同时为消费者提供实时商品目录，使他们了解所需商品是否有货。

网站还特别开设了一个名为"如意商品清单"（类似中国的缺货登记）的网页，让用户对希望购买的货品进行登记，这样日后可为顾客保留他们渴望购买的商品。"如意商品清单"的另一个特色是提供特别活动预约服务，在大型活动之前用户会收到一封提示性的电子邮件。这个特色服务项目实际上促进了塔吉特进行品牌商品信息的传递速度和促进顾客此后多次重复访问商店网站。

塔吉特网站的一个最大的特色，是制作了"每周广告"的链接，这也是其他零售网站不经常提供的服务。如果顾客希望得到直邮信件的话，留下邮政编码，每周就会收到一封当地塔吉特连锁店邮寄的商函。

后来，塔吉特公司将婚庆俱乐部礼品登记服务项目也搬上网站，提供近1.5万种商品。塔吉特公司创办在线婚庆礼品登记处（婚庆俱乐部）是基于一种全面发展的考虑。虽然一些人质疑："有人到折扣店购买结婚礼物吗？"塔吉特公司对此信心十足，他们相信塔吉特的品牌足以吸引观众前来购买新婚礼品。

塔吉特网站还开设了"塔吉特药品专区"，顾客可以选购最新药品；"红火热卖店"里面销售的全是热销的日用生活用品。

网站提供强有力的客户服务相当困难,然而塔吉特网站却做得有声有色。在"帮助单元"设置了"常见问题解答",为顾客解决相关疑问;退换产品也可以在线完成,在客户区放置了"产品召回"网页(即退货处),列出商品在塔吉特商店何时、何处被销售,并提供产品问题的详细信息,以及告诉顾客如何将产品退还塔吉特公司。

"关于我们"的公司简介部分也做得富有品牌感染力,内容详尽充实。这个部分包括了塔吉特的公司发展史以及详尽的股票交易、公司年报等信息。在"招聘"单元更加人性化,上网者可以找到有关公司的介绍,对于职位的要求等,还可以在线投递简历。

互联网变成了塔吉特公司品牌延伸的手段,对尚未开设分店的地区也能施加影响。例如,圣诞节假期,塔吉特在未开设分店的曼哈顿地区推出一个声势浩大的促销活动,为消费者提供咖啡、爆米花和其他服务,包括假期免费送货。

塔吉特网站的成功之处在于在一个虚拟空间里成功地模拟了一个实体店铺的销售过程,让消费者进行一次真实的品牌体验,在线购物的感觉就如同到店铺购物一样。网站设计非常人性化,同时又与线下的零售连锁店的销售有机地结合在一起,顾客上网购物同样可以得到价格优惠和方便。塔吉特的品牌至此得到了充分的提升。

金融卡再塑新利基点

忠诚客户计划是零售公司的又一利益增长点。零售商实施的忠诚客户计划,即对重复购买特定商家产品或服务的消费者给予回报的计划。据调查显示,美国七大行业的十大企业中有一半推行了忠诚计划,而且忠诚计划深受消费者欢迎。在美国,约有53%的日用品消费者和21%的休闲服饰消费者加入了此类忠诚计划;在加入日用品忠诚计划的消费者中,有48%的人比加入前增加了消费支出;休闲服饰的消费者中,有18%的人增加了消费。

大众对于忠诚计划的兴趣有增无减。面对销售额增长速度放慢的趋势以及来自于电子商务的竞争，零售商都迫切希望加深与现有客户的感情，获取他们更多的支持。

许多客户忠诚计划确实很成功，它们提高了零售商的品牌价值，收集到珍贵的客户资料，吸引顾客反复消费。

许多自己开展金融业务的企业和零售商获得了比银行或金融机构更多的利润，塔吉特公司就是其中的大赢家之一，其信用卡业务获得高达15%的利润率。

信用卡推进忠诚计划

1995年，塔吉特推出了自己商店的信用卡，即现在著名的塔吉特红卡。2004年，塔吉特公司推出了礼品卡中心，展示了塔吉特店内的多种礼品卡的用途。塔吉特红卡更加体现"更多期待，更低价格"：通过特别的折扣、定制化的价格和独特的顾客忠诚计划来实现。例如顾客注册参加"塔吉特医药大奖计划"，使用红卡购买处方药，将得到一份证书，下次购买可享受10%的优惠。红卡的其他好处有：有机会获得作为连锁店最忠诚顾客的额外优惠；获得塔吉特公司的"资助教育经费计划"的资助。同时，塔吉特也为小企业这一类顾客提供更为灵活的塔吉特商业卡。

教育计划联动效应

塔吉特公司配合金融卡推出一个公益性的"学校捐赠基金计划"，将顾客用信用卡消费的一部分款项捐献给教育机构。

在市场竞争近乎白热化的今天，不但要使现有的消费者成为忠诚消费者，最重要的是造就终生消费者，而且要从小开始培养终生消费者。

现在的青少年以及年龄更小一些的孩子们，手里掌握着数以十亿计的零花钱，不但自己可供支配的金钱数量之巨令众多的商家垂涎日久，而且他们对于父母作出购买决定时产生的巨大影响力也不容忽视。创造终生消费者的关键是熟悉这些孩子们的生活方式，各商家也应使自己的产品或服务与之建立更加密切的联系。

"学校捐赠基金计划"的产生大致基于三点考虑：第一，使众多年轻的消费者有一种消费增值的意识，消费者可以使自己的学校受益，改善学校的设施，提高教学的环境与质量；第二，这是一种长期的承诺，也使消费者形成惯性购买，更利于形成一种稳固的情感链接；第三，塔吉特的定位是引领时尚的折扣店，也正好满足了年轻人以承受得起的消费水平紧跟潮流的心理。

"学校捐赠基金计划"使消费者在使用塔吉特VISA卡或塔吉特贵宾卡消费的同时为自己的学校筹款。凡是持以上两种信用卡在塔吉特连锁店或塔吉特在线商店购物，其购物款的1%将被捐献给消费者选定的符合规定的学校。另外持塔吉特VISA卡的顾客，在塔吉特连锁店或塔吉特在线商店之外购物，其0.5%的购物款项亦将作为捐款捐献给消费者指定的学校。参加"学校捐赠基金计划"的这些学校可以用捐赠款升级计算机软件、购买操场上的健身设施或教室内的教学设施。塔吉特公司贵宾卡的持有者可将消费额的1%捐献给该顾客指定的一家本地学校。

自从1995年此项计划推行以来，塔吉特公司新开了1700多万个账户，当地学校因此获得了总值2300多万美元的捐款。这项忠诚计划以相对较低的成本，使每位顾客都参与了塔吉特公司的社区服务活动，同时也成功地加强了塔吉特公司"社区服务"的特殊定位。

塔吉特公司公益营销的做法，对于各年龄层面的顾客都有巨大的吸引力。塔吉特始终在网上推广教育基金和奖学金计划，是塔吉特争取年轻消费群的前期铺垫工作。

线下营销活动引领时尚潮流

赞助哥伦比亚电视台1999年夏季收视冠军——系列节目《生存者》，是塔吉特公司做出的极大的商业冒险。大型野外真人秀电视竞争游戏节目《生存者》，在美国属于首播，谁也无法预测它是否能成功；而且哥伦比亚公司的广告套装的价格确实不低，各赞助商都有可能要经受失败的打击。

但是高风险必然带来高回报，塔吉特公司最终成为幸运之星之一。

塔吉特公司对此次冒险信心十足，而且进行了缜密的策划。他们并不只是简单地插播广告，而是仔细研究剧情，对于节目中可能出现的植入式广告机会进行了细致的分析、研究，在不违背剧情的前提下，创造性地为《生存者》的演员们提供了一个带有塔吉特公司靶心标识的降落伞，剧中演员利用这顶降落伞制成了一个家。这种与剧情很贴切的植入式广告，淡化了广告的色彩，加深了观众对品牌的印象。随着《生存者》日渐火暴，塔吉特公司的品牌对越来越多的观众产生了积极的影响，后来其假日销售活动的成功，就证明了这一点。

赞助修复华盛顿纪念碑，带给塔吉特公司更多曝光的机会。当时，建筑师迈克尔·格雷夫斯设计了一种半透明的外层包覆物，将丑陋的脚手架包裹在里面。塔吉特公司赞助了此次活动，于是，塔吉特公司的品牌在修复华盛顿纪念碑期间得到充分曝光。

将流行文化引入塔吉特商店的经营，是另一项打动年轻人的活动。流行音乐是吸引年轻人的强大卖点，与流行歌星合作推出新唱片进行捆绑营销，能够吸引许多年轻人的眼球。

2000年圣诞节，塔吉特公司通过赞助女歌星蒂娜·特纳，将年轻前卫与音乐链接到一起。此次赞助活动，塔吉特公司不但投放了宣传广告，同时赞助了蒂娜·特纳音乐会巡演的电视转播权，塔吉特公司赞助了音乐会巡演的第一场和最后一场。作为整个活动的一部分，蒂娜·特纳的CD盘也只由塔吉特公司下属的商店专卖。

时尚流行的时间越来越短。在过去，时髦样式和新款式从价格昂贵的百货店流行到折扣店要花几个月的时间，现在流行速度快得令人难以置信。塔吉特公司推出强大的自有品牌商品，以强化它的时尚触角。这些自行开发的自有品牌商品，都配以十分时尚的名字，例如Sanrio的"Hello Kitty"玩具及服装、Calphalon锅具等。

沃尔玛建立的超级购物中心将百货店的经营特色纳入其中，作为赢取回头客的一种方法。塔吉特公司也做出此类尝试，将星巴克咖啡、日式餐馆等一并收入其中，多样化服务项目使塔吉特获得更多利润。

2004年，塔吉特增加了65个新连锁店和18个新的超级塔吉特连锁店，卖场比原来增加了 8.2%。2005 年塔吉特公司在美国 47 个州拥有超过 1300 个连锁店，雇员超过 30 万人。

塔吉特公司作为美国的一家排位领先的零售业公司，以和睦、友好的家庭服务和消费者可以负担得起的价格，在美国家庭中不断累积起品牌声望，"更多期待，更低价格"的广告语，深深地烙在美国消费者心中。

剖析"男人玩具店"的秘密

——西尔斯"店中店"创新经营案例

2000年开始,美国零售业频传破产的消息,一些商家或因无力对抗大型零售商被迫转型,或因整合失败,最终退出市场。西尔斯是美国一家拥有百年历史的零售商,业务涉及服装、住宅和汽车产品等领域。近年来,面对沃尔玛等大型零售商的直接竞争,以及众多折扣店和专营店的冲击,西尔斯深深感受到生存的压力。

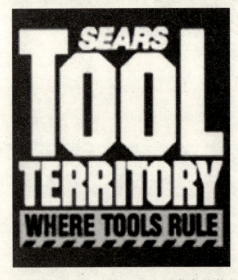

每个企业都希望捕捉到稍纵即逝的全新利基点,在下一个发展阶段赢得更多的生存空间或是获得更多的搏击筹码。

其实对于传统经营形式的创新与突破,有的时候可以收到事半功倍的效果。西尔斯在2002年经营策略的调整就是这样一个例子。西尔斯在下属的全美连锁店推广家装"店中店"的经营形式,同时加大对自有品牌家装工具的宣传力度,为西尔斯打造出全新的形象。

重点突出,聚合强势

美国的家庭装饰业经过10年的强劲增长后,已处于缓慢的盘整阶段。

2003年初以来，美国整体经济发展趋缓，但是美国的消费者继续对家庭装修投入了巨大的热情。"9.11"的影响渐渐淡化，不过就此而产生的及时行乐的思想，对众多的美国人产生了十分深远的影响。银行的利率降低，家庭抵押贷款增长仍然很强劲，这对于美国家庭装饰供应商来说，是一个利好的消息。家装产品是西尔斯的一个重要经营项目，经过多年的经营，西尔斯已经培育出一系列的家庭装修工具自有品牌，随着产品线的延长，已经在消费者中形成了名牌效应，比如"工匠"系列产品便成为其中的佼佼者。

不过"工匠"系列产品与西尔斯开发出的其他自有品牌一样属于单打独斗型，营销中并没有进行整体考虑。"工匠"品牌系列产品还算是先行一步，组建了工匠俱乐部，为该俱乐部会员提供家居工具最新信息的服务。

"9.11"之后民众及时行乐的心理，为美国的家装市场带来了巨大的商机，人们对于家庭装修投入巨大的热情。西尔斯也开始认真考虑自己在家装市场中的定位，经过仔细的考量，西尔斯认识到自己在五金用品和工具器具方面的优势所在。他们决定调整方向，将原先各自为战的自有品牌全部进行整合宣传，于是提出了集中优势兵力，重点出击，强化单一利益点的想法，因而启动了店中店的经营新策略。

创新的消费定位

店中店的经营方式并不是新生事物，不过是一个老瓶装新酒的把戏。

以前西尔斯店内的工具销售区很混乱，充斥着各式产品，大件产品与那些不重要的产品混在一起，如同迷宫一样。

西尔斯店中店的构想是在店铺内创造出一个家装工具专卖区。西尔斯后来将店中店命名为"工具领地"。

西尔斯认为以"男人玩具店"形容"工具领地"更恰当，毕竟男性消费者是核心消费群的主力军。店中店的店面设计更具生活化，其目的在于为店中店增添更多的生活气息，进而使整个连锁店沉浸在一种非常生活化的氛围中。

家庭装修原本是一种体验，同时也是一个游戏，所以使"工具领地"充满生活气息非常重要。更重要的是，对于家装工具感兴趣的不只是男性消费者，一些女性消费者也愿意光顾这些工具展示区。生活化的展示区，为女性消费者提供更乐于为她们所接受的购物环境。向女性消费者在内的新的潜在消费群体倾斜，是此次西尔斯经营策略中拓展潜在消费群的重要举措之一。

"工具领地"的面积一般约900多平方米，设在西尔斯各百货店靠近出口的位置。"工具领地"陈列着各式各样与家庭装潢、装修相关的工具。为了易于消费者寻找所需工具，店中店内按工具类别建立了特别陈列区，如木工工具、通用工具、多用途工具、五金产品等。货架上张贴的宣传口号："这里工具统领一切"，正是对这里非常生活化环境的真实写照。

这些工具不但吸引了众多专业建筑商，而且也吸引了那些热衷于家庭自助装修者，甚至连普通的消费者也对新奇的工具有极大的好奇心。

西尔斯认为成功的关键在于，店铺内互动性商品陈列方式以及知识渊博的工具销售顾问们对顾客的耐心指导与答疑解惑。这些顾问通过与消费者进行深入沟通，了解顾客装修所必需的工具，之后提出合理化建议。工具销售顾问在产品陈列区详细周到的讲解对产品的销售产生了积极的促进作用，这也使顾客感觉宾至如归，更容易产生购买的冲动。

作为综合性商店，西尔斯连锁店除了经营家装工具外，服饰百货也是重点业务项目。西尔斯必须将顾客吸引到其连锁店中的纺织品、非耐用品销售区域，才能有效增加销售利润。家装用品恰好作了诱饵，消费者在选购五金用品的同时，也顺便选购了其他非耐用品和纺织品。

西尔斯希望整合店中店的资源，盘活零售店整体资源，创造出更多的利润。

有力的宣传支持

在"工具领地"店中店大规模开设的同时,西尔斯同步推出电视与平面广告战役给予有力的支持。

广告宣传的主旨在于向消费者解释"工具领地"到底是一个什么概念,在什么地方,告诉消费者只要到"工具领地",就能够享受到乐趣。那里有各式各样的家装工具,消费者可以随意试用,也许能够选中一些中意的工具。

广告将"工具领地"特区,比喻成了"男人玩具店",不过西尔斯很快就发现了女性消费者也很喜爱在"男人玩具店"里采购物品。

幽默的系列广告成功展示了店中店的特色。其中一支广告讲述的是,一对20多岁的年轻夫妇在工具店购买钻头,当男子面对琳琅满目、各式各样的钻头感到惊奇的时候,旁边的销售顾问递给他一只小型黑色钻头说:"为什么你不选它呢?"男子很惊讶地说:"没想到你这么了解我的想法!"

另一支广告里面则表现一个工具销售员在课堂上侃侃而谈,听众不住地点头称赞工具销售员知识渊博。从片中的闪回,观众发现那个工具销售员刚从西尔斯的"工具领地"学会工具的使用方法,完全是现学现卖。

家庭装饰电视频道的名人鲍伯·维拉(他是《老房子》的前主播)是西尔斯"工匠"品牌产品的代言人,他参加了店中店开幕活动。西尔斯同时赞助了鲍伯·维拉的电视节目,还生产了维拉品牌油漆。

西尔斯也启动了户外广告战役,一支户外广告的广告语将西尔斯的"工具领地"诠释为"鲍伯·维拉的运动场"。另一支广告语则变成了"超过1.8万件工具,它们全在这儿。"

西尔斯借助"工匠俱乐部"还开展直邮营销,将商品介绍直接寄给西尔斯的顾客。同时推出一个20页的 *Grand Opening* 商品目录,对新产品进行推介;另外700万"工匠俱乐部"的会员每月都会收到《时事通讯》,上面刊登新产品介绍与销售信息。

《时事通讯》刊登了工具顾问的照片,他们的制服上佩戴着"工具领地"的标识。这些充当代言人的工具顾问是从汽车企业和西尔斯下属汽车中心的员工中精选出来的,这也是借机向消费者全面介绍工具顾问在"工具领地"的职责。

西尔斯店中店的工具销售顾问都是一些谈起工具就非常投入且兴奋的人,而且对于各类工具的知识非常在行。他们能够给到店铺来访的每一位消费者一些合理的提示。他们在与消费者的交谈中,让消费者感到不但得到了品牌和工具分类上的知识,而且确实找到了称心如意的工具。

市场经营结果非同凡响

西尔斯连锁店 2000 年开始试验专营家居与建筑工具的"工具领地"店中店,只用了三年的时间,专营的店中店业务就得到了迅猛的发展。

西尔斯连锁店在所属的 870 所连锁分店开设了"工具领地"专营店,展示了 1.8 万件工具,其中也包括西尔斯连锁店自有品牌"工匠"牌工具(该品牌现在是美国排名第一的工具产品品牌)以及其他一些著名品牌,例如 Stanley、DeWalt、Makita、Delta and Black & Decker。

西尔斯通过品牌宣传战役,成功地将"工具领地"打造成男性与女性都喜爱的"玩具店"。

西尔斯：突破传统在线营销定式

2000年网络泡沫破裂之后，进军在线零售市场，是传统零售商扩大经营、寻找新的利基点的一个极好的选择。尽管在线零售目前只占据美国整体零售业的2.5%，但是随着高速互联网接入服务的发展，在线销售的商机无限。

建立整合在线攻势

西尔斯公司为了增强竞争力，同时也为节省支出，早在1994年即建立起数据库系统。

西尔斯进入在线零售业之初，将其店铺经营所积累的丰富的顾客数据库资料，完好地链接进西尔斯零售网站的运营之中，同时充分利用自身的资源，针对自己的目标消费群展开在线营销攻势。但是西尔斯的在线宣传不是"强销"，它是以沟通作为最核心的手段，在轻松自由的氛围中与目标消费者建立起情感链接。

西尔斯零售网站的营销策略是将该零售网站塑造成一个为消费者提供及时信息的渠道。根据一些调查公司的调查，许多消费者在作出最终的购买决定之前，通常会到相关的网站查寻资料。及时且周详的信息与一对一的实时沟通，将对终端销售产生积极的影响。

西尔斯正是通过网络，将自己的实体店铺、在线、信用卡等多项业务进行了无缝整合，希望在线的营销攻势不但推动其在线零售店的业务，同时也拉动其线下零售店的销售。

西尔斯的现有顾客、该公司信用卡的持有者以及"工匠俱乐部"的会员能多方位体验到西尔斯的宣传攻势。西尔斯不但在网站上投放了横幅广告，还利用电子邮件营销等多种营销方式，强化宣传效果。这也正是西尔斯公司所称的为目标消费群提供更多相关信息的"实时营销"策略所希望实现的效果。

　　毫无疑问，西尔斯已经成为最成功的在线零售店之一，不但网站的访问量激增，店铺的销量也有明显的增长。西尔斯公司表示，到店铺购物的每10个消费者中就有1个人因为登录网站受到影响而作出了购买决定，而且在线宣传对西尔斯家庭用品类别实现5亿美元的销售额也发挥了积极作用。

线下宣传延伸

　　作为整体在线营销计划的一部分，西尔斯继续与搜索网站以及美国在线长期合作。在与搜索网站的合作中，对"关键字"形式的广告投入巨资，根据调查显示，当人们使用搜索网站寻找购物信息时，所看到的有关西尔斯的产品信息更易被接受。

　　西尔斯网站推出的赠券抽奖促销活动，更增加了消费者重复访问在线零售店的兴趣。

　　与此同时，西尔斯公司整体品牌形象的宣传也从未懈怠，电视、平面、广播广告同时投放，特别在《电视指南》频道购买广告时段，使西尔斯的促销信息和整体品牌功能更好地影响近2000万的有线用户。

第七章

美国日化业营销

雅诗兰黛的美丽战争
——雅诗兰黛美国营销案例

近十年来，美国化妆品和护肤品的品牌数量激增，化妆品市场日渐拥挤，市场份额竞争更加白热化。

位列前茅的几大著名化妆品公司均全力投入对品牌的塑造与市场的经营上，不但着力打造时尚与新锐的新产品线，而且深入耕耘渠道。

消费者不断涌现的新需求，为Tony & Tina和Urban Decay一类更时尚前卫、满足消费者特殊喜好的品牌，提供了良好的发展机遇。它们凭借个性化与特殊用途的产品特色，迅速在特定消费群体里产生巨大影响，确立了地位。

与此同时，塔吉特和Kohl's等折扣店借助灵活多变的经营方略以及价格的优势，引得购物者蜂拥而至，光顾的消费者人数呈陡升的趋势，这也令大化妆品公司在传统百货公司的销售承受着巨大的压力。

确立突破策略

多年来，雅诗兰黛公司的化妆品年销售量一直稳定增长。2001年全年销售额为46亿美元，美国国内批发销售额为8亿美元。其中大部分收益源自该公司Aveda，M-A-C等时尚品牌的销售。

雅诗兰黛公司一直采取品牌并购的策略，一大批新兴的、时尚的品牌，纷纷被纳入雅诗兰黛的旗下，这当然使雅诗兰黛的主品牌光环之下拥有了更多的色彩。

美国化妆品业的观察家指出，雅诗兰黛的经营策略十分聪明，不过一个隐患也逐渐显露出来：因为兼并后众多副品牌的生产线与雅诗兰黛主品牌的生产线相似，无形中自身的品牌之间产生了竞争，从而造成雅诗兰黛品牌的销售量被慢慢侵蚀。

这些迹象使雅诗兰黛公司不得不决定发动一场颇具威力的营销战役，重新获得化妆品市场中的一度占据的统治地位。雅诗兰黛品牌化妆品2002年力争每五个化妆品购买者中有一个是雅诗兰黛的新用户。

为了重新塑造起核心主品牌的形象，雅诗兰黛公司推出了一个整合营销战役：推出更多的新产品、增加广告宣传力度、强化终端与消费者的沟通与交流。

全新品牌代言，重塑新形象

雅诗兰黛公司在广告宣传方面，将大多数广告费分配给了雅诗兰黛品牌和倩碧品牌。

雅诗兰黛品牌的广告使用模特作为代言人。为了适应不同时期经营策略的需要，采用不同风格的模特以突出宣传的重点。

利用明星效应是雅诗兰黛公司宣传中的一贯风格，品牌最初进入市场的时候采取同样的手段，20世纪40年代，创始人雅诗兰黛女士就曾经亲自到第五大道的Saks商店销售雅诗兰黛的产品。

雅诗兰黛在20世纪90年代走了下坡路，后来雅诗兰黛发动全面并购战，迅速吸纳进新潮品牌，占据优势的市场区隔，同时使其品牌形象现代化。也就是在那个时候，伊丽莎白·赫尔利替代了捷克出生的模特Paulina Poritzkova出任品牌代言人。

此次宣传战役为了能够重新唤起女性消费者的热情与关注，2002年启用了更年轻和更具异国情调的卡罗琳·墨菲担任雅诗兰黛的品牌代言人，赋予品牌更为轻松愉快和华美绚丽的色彩。同时围绕着时尚和化妆品类杂志发动了一个大型宣传战役。过去几年里一直为雅诗兰黛代言的模特伊莉莎白·赫尔利继续担任该品牌香水系列产品（包括Intuition、Beautiful和Pleasures）的形象代表。

在表现雅诗兰黛古铜色化妆品的平面广告中,墨菲懒洋洋地躺卧在游泳池边的一张吊床里,画面附上一句新的广告语:"显露美丽。"此前墨菲女士也出任了 Beautiful 香水广告的主角,广告表现的是墨菲身着一件婚纱,显得端庄典雅。

2002 年 3 月,百货公司开始展示由卡罗琳·墨菲出任代言的夏季色彩系列产品。除了参与一些提升宣传力度的活动,雅诗兰黛希望卡罗琳·墨菲吸引更年轻的二十几岁的消费者光顾雅诗兰黛产品专柜。

雅诗兰黛此次扩大目标消费者的年龄段,力图吸引住更年轻的女性消费者,是一个非常重要的策略。因为吸引更年轻的新用户,将使产品的生命力得以常青。

雅诗兰黛改变策略,有其更为深远的意义。它希望使旗下多个产品的品牌在消费群中相互影响,使现有的某一产品的消费群也成为雅诗兰黛其他产品的消费群,例如,让购买雅诗兰黛护肤品的顾客,同时也成为该品牌香水的顾客。

卖场中的新策略

雅诗兰黛一直采取专卖连锁店的形式销售品牌产品,例如,自然主题的 Origins 品牌只通过专卖店铺的形式销售。这些产品现在仍然在少数店铺供货,当然在线商店也成为分销渠道之一。

深受消费者喜爱的 Aveda 品牌(雅诗兰黛于 1997 年并购的品牌),也只通过一些美容院、SPA 和专卖店铺经销。雅诗兰黛公司计划增加一些 Origins、Aveda、M-A-C 品牌的独立专卖店的数量。

雅诗兰黛公司依靠并购品牌与拓展分销渠道提高销售收入。雅诗兰黛期待百货

公司的销售额占营业收入更少一些的份额：目前为80%，三至五年内要下降到60%至70%。

1998年佛罗里达州的Dillard's百货商店重新装修后，为倩碧安排了一个专柜。雅诗兰黛公司后来发现专柜的营业额非常可观，与此同时，其他专营店的销售情况并未受到影响，于是雅诗兰黛开始推行这种专柜分销形式，近30个倩碧的专柜开设在全美的大型购物中心，这些专柜的试点工作收到了令人欣喜的成功。

一位营销顾问说，增加专柜并未侵蚀掉柜台的销售量，这说明雅诗兰黛寻找到了全新的用户。

雅诗兰黛公司在零售上也采取新措施，比如设计了更开放的柜台，使销售代表拥有更宽阔的空间，为顾客进行咨询和化妆辅导。这样消费者能够真正置身于化妆品中间，柜台障碍更少，与销售代表的距离更近，交流更自然。另外雅诗兰黛和零售商联合进行化妆和皮肤咨询，目的是提高与消费者互动的质量，让消费者感到除购买产品之外，也可获得更多的收益。

不断进取

美国零售业的前景处于不可确定的状态，雅诗兰黛公司与业内观察家都认为，销售额的增长将来自北美之外的地区。在美国，雅诗兰黛的增长轨迹趋于平缓。在欧洲，雅诗兰黛化妆品排第四，护肤品排第三。

雅诗兰黛不断强化经营策略，随时准备启动新一轮营销攻势。

"酷一代"的时尚攻略
——美宝莲美国品牌整合战役

在美国众多的大众化妆品中,美宝莲一直处于第三的位置。进入20世纪90年代,该品牌超越露华浓攀升到第二位。

美国市场的竞争越来越激烈,"封面女郎"已不再是拥有绝对优势的领导品牌。1999年,强生公司推出露得清品牌化妆品;同期,宝洁发动强大营销攻势,再次以新创制的玉兰油品牌加入战局;雅诗兰黛则定位于更年轻的消费者,先后发布针对青少年的新产品。

当历史跨越新千年之际,美宝莲发动大型营销战役,向化妆品市场领导品牌"封面女郎"宣战,力图登上第一的宝座。

"封面女郎"是宝洁公司下属的品牌,多年的经营使"封面女郎"构筑了坚实的消费群基础和良好的品牌资产。美宝莲要想成为真正的领跑者,不但需要赢得销售量和市场份额上的胜利,而且在品牌形象上也必须有重大转变。

创新设计"三大战役"

欧莱雅1995年成为美宝莲的母公司,但对美宝莲品牌并未投入太大的精力。与欧莱雅的兰蔻和其他利益不菲的品牌相比,美宝莲始终处于低价品牌的地位。也正因为美宝莲的品牌一直与低价位联系在一起,消费群对其品牌的认知总是停留在价格便宜、过分装饰,甚至是折扣商店销售的商品上。

十年来美宝莲的产品与包装在不断更新,但是对品牌认知度和影响力方面的影响收效甚微。

其实不分年龄与种族，所有女性都是化妆品的目标消费群，这个目标市场非常巨大。众多品牌从不同的角度切分这块利润丰厚的市场：或细分受众，满足女性消费者的个性化需求；或深耕产品线，研发创新产品。

美宝莲的营销团队仔细研究了注重实效的目标受众群和美宝莲的产品线，反复推敲当今女性消费者对待美容的态度。经过大量的调研与座谈，对女性消费者购买化妆品的动机有了深入的了解。通过深入地剖析，他们以调研中发掘的独特的"消费者洞察"作为整体营销策略的切入点，创新的营销组合最终使该品牌的营销活动获得了成功。

美宝莲围绕着公司的三大业务（面部化妆品、彩妆化妆品和眼部化妆品），为营销战役设定了三大目标：

第一，提升在13岁至24岁的女性消费群中的品牌认知度。

第二，促进美宝莲面部化妆品和彩妆化妆品的业务。这两个业务的增长，对美宝莲今后整体业务的增长将产生重要的影响。从20世纪60年代以来，"封面女郎"品牌在面部化妆品市场一直保持着最佳销售者的地位，露华浓品牌的唇膏和指甲油从20世纪50年代起一直是彩妆化妆品的领导者。在彩妆方面的成功，将使美宝莲拥有挑战露华浓的实力。

第三，继续稳固美宝莲品牌在眼部化妆品市场的优势。美宝莲的Great Lash品牌在这一市场保持了30年的领导地位，现在的任务是继续保持这一领军品牌的地位，同时提升品牌在面部化妆品和彩妆化妆品方面的地位。

创造时尚"酷"标识

营销团队发现，身处纷繁复杂的现实生活中，女性消费者实际上只是将自己的外表作为自我定义的一个方面。

女性消费者在作出购买决定的时候，非常冷静与理智。甚至像购买化妆品这种依靠偶像明星、名人效应推动的品类，她们也不会冲动购买，而是泰然处之。一个适当的理由才能促使她们做出最终的购买行动。

营销团队决定将营销策略的重点，放在将美宝莲打造成为代表一种生活方式的化妆品品牌上。传播策略是直接切入与生活方式相关的问题，全面展示品牌能满足目标受众群各式各样的需求，同时传播出与产品功能相关的信息。

此次营销战役将锁定的受众群进行了细分，集中定位于13岁至24岁的女性消费者。这个年龄层实际上是化妆品、生活方式和时尚潮流的建立者和观念的领导者，如果美宝莲能赢得她们的认同，将为品牌创造时尚与"酷"的氛围，将为品牌注入时尚和"酷"的元素。

当美宝莲品牌贴上"酷"这一时尚标识与年轻人结盟之后，该品牌在年轻人中的知名度与美誉度都有很大的提升，其过去被认为"装饰过分和俗气的"包具系列产品也搭上了顺风车，获得了额外的增值收益。

时尚名人的"酷"效应

广告必须投放到这些年轻消费者喜爱的媒体中，并且以她们乐于接受的语调与之进行零距离沟通。

两个"消费者洞察"为营销团队选择品牌代言人和研制新产品提供了巨大的帮助。他们发现，这些年龄较轻的女性消费者对彩妆化妆品与面部化妆品所具有的嬉戏特色非常着迷，不过，她们中的大多数对如何使用化妆品了解不多，所以更倾向于使用简单易用的产品；当遇到需要一定化妆技巧的问题的时候，她们的想法立即与年龄更长的女性统一起来——没有时间也没有精力去化妆。

美宝莲推出的两款新产品 Express 3 in 1 Makeup 和 Full N Soft 睫毛膏完全体现了调研的结论，两款产品都设计得简单易用且十分坚固。

如何建立起产品与目标消费群的联系呢？今天的年轻女性对名人会投以更多的关注，她们认为女歌星、女影星不仅是美女，而且是实干家，名人多姿多彩的生活、旷世的才华和非凡的成就比美艳外表更出色，所以，这些名人在年轻女性消费者眼里非常"酷"。

营销团队开始寻找年龄更小的核心目标受众群热爱的代言人。这位名人将使目标受众群对品牌产生渴望，因为产品给予目标受众所希望的生活方式与生活舞台，必将大大提升美宝莲在目标受众心中的知名度。

美宝莲最终选定了女演员莎拉·米歇尔·盖勒，她出演的电影和电视剧《魔法奇兵》深受年轻人的喜爱。广告创意加入盖勒女士出演影视剧等相关信息，使她为美宝莲打造的酷感品牌形象增色不少。

时尚传播的多重定位

随着媒体计划的推进，美宝莲推出一个大型的公关活动，并将随后启动的几个特别活动串联在一起：

公关活动中，隆重介绍莎拉·米歇尔·盖勒成为美宝莲的新代言人，与此同时介绍几款新上市的产品；

启动一个名为"美宝莲五人组"的抽奖活动，从13岁至19岁的女孩和大学生中挑选代表；

开设美宝莲网站，网站除提供与产品相关的内容外，公众也可通过网站与"美宝莲五人组"进行互动交流；

赞助了VH1音乐频道的"Divas慈善演唱会"特别节目、《青少年》杂志的模特选拔活动等活动；

提供了售点宣传资料，用作店铺宣传；

杂志刊登优惠券，以吸引消费者到店内购买。

媒体投放采用大面积曝光的形式，使那些年龄较小的消费者时刻感到美宝莲的存在。同时推出电视和平面广告，两者结合不但能够触及年龄较小的观众，而且为品牌创造一个受到目标受众群渴望的"酷"环境。

宣传活动的大部分预算投在电视广告上。针对不同的电视频道投放给不同年龄段的消费者：华纳女性电视频道，定位13岁至19岁的女性消费者；MTV、VH1、E!等备受年轻人推崇的电视频道，成为向年龄较小的消费者发布信息的平台。

平面媒体选择《魅力》、《大都市》和《17岁》以定位广泛的受众群。另外《时尚》和《年轻人》作为补充，以助全力聚敛最多的人气。

互联网也加入了媒体组合策略，以扩大品牌在年轻受众群中的影响力。为了拉升美宝莲网站的访问量，营销团队在一些大流量的网站上投放横幅广告，吸引年轻人访问美宝莲的网站。

在强大的宣传攻势下，美宝莲在化妆品品类中处于了领导地位。根据 A. C. 尼尔森、A&U 调研公司的追踪调查，美宝莲的营销活动设定的目标全面完成。

A. C. 尼尔森的数据显示，在营业额方面，美宝莲在新千年之初开始连续半年的时间成为美国大众市场第一位的化妆品品牌，化妆品业营业额增长了 5%，而美宝莲的增长达到 11%。

A&U 的数据显示，美宝莲在新千年品牌认知度提高了 20%。根据麦科勒姆·施皮尔曼 AC–T 的统计数据，年纪较轻的女性消费者认为广告很吸引人。在 13 岁至 19 岁的女孩中，Express 3 in 1 Makeup 电视广告（《我的生活篇》）到达率是 47%；为 Full N Soft 品牌制作的电视广告（《睫毛膏之恋篇》）到达率达 60%。

另外，美宝莲在品牌形象方面得到实质性的提高，既提高了品牌知名度又增加了品牌的认知度，在 14 岁至 24 岁的女性中，从 1999 年 2 月至 11 月，第一提及率为 33%，品牌的认知度也得到巨大提升。

根据数据发展公司的统计，莎拉·米歇尔·盖勒代言美宝莲品牌之后，立即与品牌建立起极强的联系，在 14 岁至 24 岁的女性中，她的知名度是 46%，这比以前的代言人所创造的知名度高出了近 4 倍。

在竞争激烈的化妆品业中，这次活动不仅提升了美宝莲品牌的认知度、推出了新产品，而且锁定了特定年龄层的消费者，将品牌打入领导品牌阵营。

第八章

美国IT网络业营销

回归本性
——IBM "电子商务 e 代" 营销案例

1997 年 3 月,IBM 第一个提出"电子商务"的概念,希望以此来推动 IBM 的整体业务,包括软件、硬件与服务。以当年美国为例,只有 20% 的美国人了解"电子商务"。IBM 为了推广"电子商务"的概念发动了一个大型品牌营销战役。IBM 当时的策划营销宣传战的主旨是,借助互联网引起讨论电子商务问题的热潮。IBM 采取了全方位的品牌传播策略,以使目标受众群理解电子商务的概念,认识到它的优势。

当时的策略采取了线上与线下结合的方式。不论从技术还是从战略的角度看,互联网作为一种媒体,是整个整合营销宣传战役中的重要组成部分,毕竟在线宣传才是电子商务的精髓所在。

电视广告展现了 IBM 所提倡的电子商务方方面面的内容;平面广告则具体地介绍了 IBM 如何帮助客户寻找到更多的电子商务解决方案;网上宣传则针对潜在受众群,为他们直观地展示出 IBM 所研发的解决方案究竟是什么样子。

当时电子商务方兴未艾,营销宣传战役明确了电子商务所面临的问题,将 IBM 定位为解决问题的方案提供者,从而使 IBM 在虚拟世界新兴的"圈地运动"中,夺取了更广泛的领地。整个战役十分成功,同时引发了全球的电子商务热潮。

那个战役的本身也是一个震撼世界的、戏剧性转变的开始:人们已经开始借助互联网做生意。

网络发展的命运却令人们始料不及。2000 年下半年,网络经济泡沫破裂,大批 .com 公司倒闭,人们对依托互联网的电子商务能否真正赢利深表怀疑。

经济增长变缓，企业对于每一块钱的广告支出都仔细斟酌，他们重新开始遵循那些传统有效的营销宣传战役的法则。

此时，谁如果能够迅速指出电子商务的发展方向，阐明发展前景，必将获得电子商务进入大发展时期的主动权与领导权。

面对新的市场机遇

新科技不断涌现，也促进了新交易工具的推陈出新，特别是在线贸易日逐火暴起来。在日益白热化的竞争中，各IT公司纷纷调动大量精兵强将，透过缜密的调研，力图运用咄咄逼人的营销与市场策略，立于不败之地。

IBM经过深入地调研重新确认了经营战略，并诠释了电子商务的发展前景。

IBM将电子商务的发展分为三个阶段：第一个阶段是以迅速上网、浏览、收发电子邮件等为主的萌芽期；第二个阶段是连接已有交易及业务流程的创新期；而新千年之后，电子商务进入了第三个阶段，这就是以IT带动Web，Web主导IT的时期，IBM称其为"电子商务e代"。为此，IBM提出实施新一代电子商务有三大要素，这就是整合、革新和根基。

帮助企业构建e时代电子商务基础设施，使企业通过电子商务创造切实的价值，是2001年IBM最重要的战略目标。

IBM在全球范围内，发动了旨在确立电子商务领导者地位的大型营销战役。

寻找战略契机

IBM即国际商业机器公司，1911年创立于美国，是全球最大的信息技术和业务解决方案公司。

IBM在兼顾大型企业的同时，其客户群主要定位于中小型企业，核心受众群则是企业的管理层，以及企业中管理科技资产的人员。

在以前旧的管理模式下，企业里负责科技资产与负责经营生意的人员，各自为政，互不干涉。现在的模式是将企业中这两类人结合在一起。新时代里，技术扮演着十分重要的角色。

公司里的首席信息官、首席执行官和商务战略制订者，是 IBM 要重点影响的目标受众。他们中的许多人身处 IT 行业，亲身经历或感受到网络泡沫的破裂所带来的危机与威胁，对于电子商务，产生了巨大的怀疑与恐惧。

此次营销战役的关键是，IBM 必须尽快说服这些潜在目标受众群，以便继续巩固自己电子商务领导者的地位。

确立生意主题

市场调研之后，IBM 决定再次提出或是说创造出一个概念。其实它并非是一个新概念，也不是"旧瓶装新酒"，而是要说明一个简单得不能再简单的问题：到底什么是电子商务？

2000 年 12 月，IBM 当时的董事长兼首席执行官郭士纳在纽约的电子商务峰会的演讲，道出他们寻觅到的真谛："电子商务仅仅是一种商务形式，一种实实在在的商务形式。""今后电子商务的发展将主要涉及三个方面的问题：整合、基础设施建设与创新"。

IBM 以一种简洁的方式，确立了自己与众不同之处。此解释核心的信息只是说明互联网是一种技术、一种工具，电子商务也只是借用互联网这个工具做生意而已。不管何种商务，归根到底也只是商务，也只是做生意。

电子商务 e 代

IBM 在全球的 27 个市场同时推出"电子商务 e 代"的营销宣传战役。

IBM 希望通过整个战役达到以下两个目的：第一，增加品牌认知度；第二，保持与电子商务概念紧密联系的领导地位。

这次的宣传战主要是推出 IBM 对于电子商务的全新诠释：随着网络的发展，现在已经进入了"电子商务 e 代"。宣传战前后分为两个战役：前一个战役的主题信息是"宣告电子商务的本质：就是商务"；后一战役，着力推广"电子商务基础设施与电子商务解决方案"的核心思想。

360°品牌传播

清晨的广场，宁静安详。鸽子在广场上悠闲漫步。只有一个年轻的男子坐在长椅上，自言自语，时而紧张，时而激动，甚至跳起来大声呼喊，鸽群被惊得四处飞起。原来他在通过头上带的电脑装置，进行网上炒股。最后画外音说道："这一切都可能在不久的将来实现。"

这一电视广告为观众展示的是 IBM 所描绘的下一代的电子商务。电视广告作为营销策略中的重要组成部分，突出新概念中"创新"这一要素。除强调"回归根本"之外，电视广告中还重点描绘出"下一代的电子商务"在未来所带来的利益。

电视广告依靠其创新性与强大的信息展现力，立体地描述出未来的景象，激发起观众的兴趣，创造出品牌知名度和兴趣点，同时还可以传达引发感情因素的信息。最重要的是，能够使网络贸易这种看不见、摸不着的事情，以故事的形式演绎出来，为潜在受众创造出更为感性与生动的信息链接点。

IBM 在美国的战役与全球推广策略保持高度一致。线下与线上的宣传战役完美结合，不同的媒体整合在一起，整体广告信息产生了强大的冲击力。

由于此次的宣传要向人们推荐一个新概念：电子商务的本质就是商务，所以在公关宣传方面下了很大的工夫，前期推出大量宣传文章，以提高此概念在受众中的认知度。

IBM 公司经过仔细研究，发现长文案的平面广告更易说明宣传的主旨，同时读者也希望得到更多的新事情的信息，以加深了解。因此除了发表大量的公关文章详细介绍电子商务 e 代的核心信息以外，平面广告也采用长文案的方式，陈述 IBM 对于电子商务的见解。例如其中一个跨页广告，左页以醒目的大号字体烘托出主标题"宣告电子商务的本质：就是商务"，右页以长文案详细阐述 IBM 对于电子商务的全新观点。

此次营销战役中，最具有本土特色的要算 IBM 的内部营销。IBM 在美国推出的广告战役，就借助"雇员营销"实施其营销战役的三大目标之一：让雇员将 IBM 看成一个电子商务公司。因为作为电子商务的实施者，IBM 自己的雇员也在网上开展业务，首先让他们充分领会公司的新思想，同样不失为一个口碑传播的有力手段。

线下一切的活动，只为达到一个目的：引起潜在受众的兴趣，吸引他们光临线上电子商务宣传的真正表演场。

在线总攻策略

互联网的互动性最适合扩展与推广深层的宣传信息，同时也能够在品牌与消费者之间创造出一对一的关系，引发潜在受众对于品牌更大的兴趣。

在线广告宣传战役推出后，IBM 在大型门户网站投放网络广告，以吸引在线网民访问 IBM 网站。在线宣传首先采用了传统的横幅广告，以不同的角度传递全新的概念。文案采用了"用电子商务赢取真正的机会与财富"，"遵循商业基本法则，做真正的商务"，这些文案与平面广告表达的主旨完全一致。

另外在网上采取一种浮标广告形式。例如，当上网者登录网站后，会发现几个不同颜色的透明气泡慢慢向上浮起。鼠标移动到气泡上时，就会出现一个与 .com 公司的成败相关的电子商务方面的问题，如："电子商务现在该从何做起？""电子商务是泡沫还是新经济？""电子商务怎样帮我赢利？""电子商务怎样增强您的核心竞争力？"……

当用户点击气泡的时候整个屏幕将变成黑色，出现如下的信息，"答案尽在下一代的电子商务"，并直接链接到了 IBM 网站。气泡实际上是寓意网络的泡沫经济：泡沫已经破裂，人们冲过这些泡沫，深入研究与电子商务相关的重要问题。

IBM为电子商务特设了专属微型网站,点击气泡与横幅广告都会直接链接到该微型网站。在网上的宣传起到了信息传播与示范基地的作用,访问者将得到更多的"下一代电子商务"的信息,相关的成功案例进一步强化IBM电子商务领导者的形象。

在线注册同样是整个在线宣传活动的重要组成部分。访问者注册后,可以下载相关资料,例如IT业的权威报告,以及IBM高层领导的主题演讲。

浮标广告取得了成功,比普通横幅广告的效果好6倍。横幅广告的点击率接近1%,而浮标广告的点击率超过了2%。页面浏览量、参加讨论的访问者及访问者在网上停留的时间,皆有显著的提高。

第一个战役其实只能称之为序曲,因为推出"电子商务的本质就是商务"的概念,只是为IBM所描述的支持电子商务的"电子商务基础设施"提供必要的铺垫。这也是IBM进行硬件、软件与服务为一体的E-server概念(电子服务商)的推广计划的一步。接下来的"电子基础设施"战役,揭示出IBM对商务实质的深层理解。

构建基础

IBM所倡导的新概念,经过前一个战役的曝光,已在潜在目标受众的头脑里留下了一定的印象:电子商务就是商务,网络不过是工具。

要利用网络没有设备怎么成?这也正是IBM希望受众关心的事情。IBM通过将一种看不见的事物(电子商务)具体化的方式,在接下来的这个相关营销战役里,将自己定位为电子商务基础设施的领导者。

此次营销战役传播的主题信息是:"您虽然看不到它,但您的全部业务都在上面运行。它就是电子商务基础设施。"

线下与线上的配合,依然是策略中必要的组合,不过此次线上的宣传成为重点。

平面广告依然投放到IT类杂志与商务类报刊。平面广告展现了一片旷野，主标题"您虽然看不到它，但您的全部业务都在上面运行。它就是电子商务基础设施"，以醒目的字号出现在空旷的田野上空，格外引人注目。

除了网络上投放横幅广告和文字链接之外，为了增强与受众的互动，IBM 在大型门户网站连续推出"每日一题"形式的在线广告。广告持续投放，旨在吸引更多的上网者访问 IBM 为电子商务基础设施特设的微型网站。

在线广告设计成一个按钮，当上网者的鼠标移动到按钮上的时候，即会出现一段有关电子商务的问题。

例如："如果您的网站一秒钟涌入 100 万访问者，您是高兴还是心烦？""您未来生意的规模是摇摇欲坠的乡间草屋，还是巍然矗立的摩天大厦？""您是赢利 100 万还是亏损 100 万，决定于您的电子商务基础设施""电子商务基础设施，是一个让您花钱的无底洞，还是帮您省钱的金饭碗？""梦是美的，但您先要有张床。电子商务是好的，但您先要有电子商务基础设施。"……

问题每天更换，都是围绕着电子商务基础设施的概念及其重要性设计的。通过不同的角度，解释开展电子商务为什么需要一个很扎实的根基，为什么需要一个很好的电子商务基础设施支持。

在线宣传中，微型网站仍然扮演着重要的角色，通过提供各个方面的资料与信息，向来访者详细阐述 IBM 的观点，以达到教育目标受众、激发他们兴趣的目的。微型网站提供了大量业内信息与成功案例，也进一步解释了 IBM 在电子商务方面领先的成果。

微型网站进一步扩大了 IBM 的影响。目标受众可以在线注册参加 IBM 全国范围的路演；参加业内专家主持的在线研讨会，这个研讨会展示了 IBM 为具体的行业所提供的知识与解决方案；用户也可以注册得到电子商务基础设施的免费资料，例如一张光盘或一本详述业内具体解决方案的电子书。

总体来讲，"每日一题"效果不凡，收到了比普通的横幅广告多达 3.6 倍的效果，并在短短的三个星期内，有几乎 1000 名访问者在线注册电子基础设施的路演，为 IBM 未来传播与销售提供了潜在商机。

IBM 在此次的宣传战役中，采取了巧妙且务实的方式，为自己树立了一面与众不同的旗帜。"生意在任何地方，还是生意"，并不是说到了网上就改变了性质，变成了另一件事情。传播一种简单明确的信息，要比传达一种新奇、复杂的概念，更易达到效果，产生共鸣。

IBM回归本性的营销诉求，重新激荡起在人们头脑中积淀已久的概念，讲述了一个众所周知的事实，贩卖一个被众人所遗忘的游戏规则，确实打动人心，产生更大的共鸣。

体验营销游戏
——微软 Xbox 游戏机上市营销案例

微软 2002 年在欧洲推出了一支备受争议的电视广告《庆贺篇》。这一广告片借用了"从生到死"的概念，运用惊悚片的表现手法，讲述人从生到死的过程。广告片从产房开始，一个新出生的男婴像一枚导弹一样冲出产房的窗户飞向天空。婴儿飞越高山、大河，这一过程中婴儿不断成长：变成少年、青年、成年人，直到耄耋的老者。最后直接跌落进一座坟墓。结尾的广告语为："人生苦短，极尽享乐。"

游戏产业是蓬勃发展的娱乐产业的重要组成部分，从 1999 年起，美国游戏产品超过电影和录音带，成为美国第一大娱乐产品，而且带动了像游戏机、游戏软件等系列产品的发展。全球电子游戏产业形成了近 1000 亿美元的市场。

成功晋级美国电子游戏业三甲

新千年之前，美国的游戏业一直被索尼娱乐公司和任天堂所操控。索尼公司凭借着多产品线市场策略，在不同的年龄段的消费群中拥有众多忠诚的游戏迷，幽默俏皮的广告战役在年轻受众群中掀起了强劲的购买热潮。老牌游戏商任天堂则赢得了 12 岁以下的儿童受众的青睐。

从整个游戏产业的发展趋势来看，游戏机最终将成为多功能、多用途的家庭娱乐工具。玩家除了享受引人入胜的电子游戏之外，还可方便地用其上网冲浪、播放电影等。这一系列附加功能，也必能为企业带来更多的利益。

据估计，美国电子游戏产品市场（包括电子游戏硬件、软件和周边产品）的市场销售潜力近200亿美元，利益十分可观。微软作为全球最大的软件公司，自然一直在盘算着电子游戏产业这块利润不菲的潜在新利基版块。

2001年11月微软经过精心筹备，以其先进的技术和雄厚资金推出了第一款家庭游戏平台产品Xbox游戏机，从而在美国的游戏业掀起轩然大波，也引发了新一轮的竞争。

微软的营销战役气势逼人。初期在全球投入5亿美元的市场宣传费，其中美国本土的宣传推广费用达3亿美元，后续宣传战役的投入多达20亿美元。Xbox配置优良，效能优于竞争对手，但是成本不菲。所以，有的美国业内分析师称微软Xbox游戏机上市推广完全是"不惜血本"。任天堂2002年在美国市场投入2.4亿美元的宣传费，而索尼的预算为2.5亿美元。

此次豪赌中，微软充足的宣传预算成为其开疆拓土的利器之一。众多观察家认为不可思议之处是，微软作为一个非游戏业的企业，如何成功进入美国游戏业三甲？微软是怎样做的呢？

寻找最佳切入点

在美国的电脑游戏市场，索尼与任天堂驰骋多年，各自在不同的消费群中打下了深厚的基础。游戏业获利的要素之一就是以最快的速度、在最短的时间不断推出更精彩诱人的新款游戏。索尼所居的领先地位，使许多第三方游戏软件商愿意设计基于索尼游戏机的电脑游戏。

游戏机市场的竞争中，单单依靠巨额广告投入不会取得最终的胜利，特别是硬性广告很难征服那些最早接受其他品牌游戏机的玩家，他们不买科技优势的账。

近20年里，微软品牌积累到600多亿美元的品牌资产。微软品牌的特性，就是技术的竞争能力，为此微软一年要花68亿美元的研发费用。微软通过视窗产品的推广，很好地完成了其主品牌的定位，在消费者心中建立了坚实的品牌基础。微软通过经营策略的调整，从以往更重视表现产品及其功能，改变为更重视传播品牌价值和顾客感受。

微软Xbox上市之初，面对诸多挑战。其中最重要的是两点：第一，如何向消费者证明，微软能够玩得起这样的豪赌；第二，如何向消费者展示Xbox是性能更好的产品。

病毒营销点燃时尚激情

微软公司过去的成功，对进军游戏业来说，既有利又有弊。因为当微软以技术秘诀生产游戏机的时候，它不会被当做是一个很酷的公司而被年轻受众所感知到，微软必须面对要迅速提升一个刚入市的弱势品牌的形象的重大任务。

Xbox的定位从一开始就与年轻受众紧密地联系在一起。Xbox定位的消费群是16岁至26岁的男性消费者，游戏机的定价为299美元。年轻人关注时尚、追赶潮流，同时又标新立异，崇尚个性化风格。然而如何让年轻人放弃已经玩惯的游戏机，改换Xbox呢？必须给出足够的理由。只有他们认为玩起来很爽，样子时尚，再加上层出不穷的新游戏，他们才会认定Xbox是他们追寻的最"酷"的玩意。

游戏产品不但具有很强的参与性与娱乐性，而且玩家也有很强的从众性。索尼与任天堂的成功，就在于吸引了大批消费者的跟从。

微软必须借助推出新产品的契机，迅速切入年轻人的生活圈子，占领一片领地。作为游戏产品，最好的推销方式是试用。样机试玩成为整个新产品上市策略中重要的环节之一，最终证明这种与受众沟通的方式极为有效。

2001年5月，Xbox在E3软件博览会上正式亮相，整体营销战役拉开了序幕。

试用活动打响知名度

微软首先通过口碑传播造势。年轻受众中的时尚潮流的引导者，成为

Xbox 此次活动的核心受众群的建构者。

　　年轻人中总有一些人起着早期流行潮流引导者的作用。这些潮流引导者对于新鲜事物有很强的体验与感知，他们能够迅速领悟微软 Xbox 品牌游戏机的特点，并将自己的心得体会在最短的时间内向同伴传播。这些时尚的先知先觉者，接触到的人都是一些不太主动接受流行信息，或是一些对于流行信息缺少有效获知渠道的人。恰恰是这样一群人在听到了时尚引领人提供的信息之后，大多会接纳，最终成为消费者。

　　游戏恰恰适于进行病毒营销。游戏本身就是一种生活态度，"人生苦短，极尽享乐"是快乐人生的生活态度，非常符合年轻人的心理。病毒营销的力量在于受众与受众之间的沟通。对于年轻人来说，正是快乐人生的生活态度影响着他们，让更多的受众对 Xbox 品牌游戏机产生兴趣，产生试用的渴望。

赛事赞助提升关注度

　　微软为 Xbox 选取最近的距离接近目标消费者，以便在短时间内为 Xbox 累积认知度与知名度。

　　微软第一步先推出了大型的宣传活动：一系列的体育赛事上，频频出现微软的身影。微软在赛事现场搭建展示区，球迷在赛前赛后以及赛间休息期间，可以到展示区试玩 Xbox 游戏机。

　　例如，美国职业排球协会联赛休息中，明星哈利·麦克派克出现在 Xbox 展示区，为球迷进行签名，吸引了不少球迷。

　　体育赛事的捆绑营销与赞助活动，能够精准影响到年轻受众中的潮流先行者。微软将赛场的试用活动变成了一个大型现场调研互动会，微软的工作人员随机拦下从试玩帐篷里走出来的年轻人，询问他们试用 Xbox 游戏机的感觉，是否喜欢这款游戏机，同时谈谈使用竞争对手索尼游戏机的感觉。

　　微软创造出一个气氛融洽且热烈的游艺场，年轻的受众对此非常感兴趣，纷纷对这些有趣的试玩活动给予热烈的回应。微软的营销队伍推出的推广活动，让目标受众感到 Xbox 品牌更可靠、更可信和更真实。

捆绑营销借势造势再掀热点

为了使 Xbox 品牌更加深入人心，微软接下去采取了更大泛围的社区营销活动："广撒网，重点捕捞。"微软希望通过最短的路线与最大数量的目标消费群进行零距离接触，上市前期，给予品牌充分的曝光度。

上市前期的宣传重点在于造势，当时选择了快餐、食品、饮料的生产商作为战略合作伙伴，因为快餐及快速消费品的最大受众也是年轻人。连锁快餐店的分店散布在主要的商业区和繁华地段，高峰时的人流能够使 Xbox 的品牌形象在最短的时间得到极大的传播；而食品、饮料进行的促销活动也同样能够吸引目标受众足够的关注。

快餐是其中重要的一个环节，与塔可钟的合作是其中的点睛之笔。

微软的营销队伍对百胜集团塔可钟墨西哥风味快餐店进行了研究，充分研究外卖与饮料销售的关系，以及店内主打特色食品塔可（一种以面饼与新鲜馅料卷制成的快餐食品）的销售特点，最终确立与塔可钟的合作方案。

此次合作对于塔可钟的意义也非同寻常。此时的塔可钟正在启动一个品牌传播战役。面对激烈的市场竞争以及众多墨西哥风味餐馆的出现，塔可钟及时调整品牌策略，力图表现更加现代化的特质，提升品牌的时代感。塔可钟基于此，将目标消费群从十几岁的青少年扩展到年龄更长的消费者，因为他们可支配更多的金钱，寻求更高质量的食物。塔可钟当时推出一系列与高科技相关的广告，更体现了其中的意味。

此次与微软 Xbox 的联合营销可谓天作之合。离 Xbox 游戏机正式上市还有一个月的时候，两个战略伙伴推出了名为"我就玩赢来的游戏机"的活动。每家塔可钟连锁店都获得一台 Xbox 游戏机作为奖品，微软一共送出 6500 多台。塔可钟的店面创造出一种前所未有的"吃喝玩乐"的轻松氛围，餐馆顾客大增。因为此时 Xbox 游戏机还未开始销售，这一活动给了品牌充分的曝光度。

为了确保游戏机在塔可钟的特许经销商那里得到最大化的宣传,微软特为每一个餐馆派发了一盘在微软总部拍摄的特别宣传片,宣传片对 Xbox 产品进行了详细的介绍。

作为战略伙伴,*Xbox* 杂志上推出一版宣传广告,上面赫然写着:"Xbox 时代从塔可钟开始。"

塔可钟与微软的联合营销计划,设立了多重奖励组合的抽奖活动,参与者可以赢取游戏机、软件和其他的奖品。该餐馆连锁店推出了为期五个星期的宣传活动,包括投放黄金时段的电视广告、店内宣传资料、橱窗展示和平面广告。此次联合营销活动执行得非常认真,在一种清新快乐的气氛中,微软 Xbox 和塔可钟的联合营销形成强大的品牌效应,最终使塔可钟的销售得到两倍的增长;而且也为微软 Xbox 游戏机上市创造了更大的品牌渲染效应。

Xbox 营销队伍同时在电视与印刷媒体上投放广告,作为对联合营销活动的支持。微软制作了 12 至 15 支电视广告,于 10 月份开始播出。平面广告也于 10 月份在 15 份男性杂志(例如 *Maxim* 和 *Stuff* 等)中刊出。

此外,微软还与百事旗下的 Sobe 茶饮料进行了联合营销。Sobe 在当年夏季的一些音乐会和音乐节上安排了近 300 辆汽车进行"现场热卖"的活动,微软为每一辆车装配两台 Xbox 游戏机,参观的孩子们随意玩游戏。参加游戏的青少年非常感兴趣,情绪高涨,因为他们很早就从各种渠道了解到微软游戏机,正要一试身手。

上市的前夕,微软的宣传活动做得更深入。2001 年 11 月 2 日,推出了一个名为"无拘无束 Xbox"的 48 小时不间断游戏马拉松竞赛,5000 名游戏迷参加了在纽约和洛杉矶举办的 Xbox 游戏机试玩大赛。

游戏就是体验营销

随后 Xbox 游戏机正式上市,平面与电视战役全面展开。为了进一步为产品的销售营造巨大的推动力,从 2001 年 11 月起在美国全境推出了一个名为"Xbox 之旅"的试玩活动,活动一直持续到 2002 年 12 月。

依靠巨额广告投入，Xbox 迅速塑造起很高的知名度。但是如何能够劝说辨别力很强的成年男性消费者接受 299 美元价格的 Xbox 游戏机呢？鉴于索尼与任天堂在电脑游戏市场已经营多年，微软必须找到一个全新的切入点，提升游戏机的销售量。

2001 年 11 月，两辆拖车带着充气展示大棚开始了遍及全美的巡回路演。营销团队每到一地均聘请当地知名艺术家担当宣传海报的主角，以达到最佳的前期宣传效果。

微软希望这次营销活动不只是吸引消费者的注意，更希望能够为年轻人创造一种体验，这种体验应该让目标消费者找到一种归属感。因此，这次试玩的主旨是让更多的年轻人参与和体验 Xbox 的高性能与高品质所带来的快乐感觉。

充气展棚长 32 米、高 10 米，大厅里安放了 52 台 Xbox 游戏站，可供 100 个游戏者同时进行游戏。厅内提供电视，还设置了贵宾休息室。高清晰等离子电视屏幕可供四个参与者进行对抗游戏。同时也提供了一些第三方的游戏，包括 *Halo*、*NFL Fever* 2002 和 *Dead or Alive* 3 等。

现场主持人以动感的音乐调动着众多观众的热情，游戏迷尽情玩乐。

这次巡回路演每地举办三天，每次活动能够吸引 200 个电脑游戏发烧友。现场同时派发饰物以及免费的游戏机。前 6 站路演，有近 3.47 万消费者参加；14 个月大型路演活动接触到近 18 万消费者。

前三个星期，1.5 万人登录"Xbox 之旅"网页，参加抽奖活动，这也为微软公司未来的宣传活动提供了更多的信息。

为了使"Xbox 之旅"试玩活动产生更大的效果，微软公司在前三站的路演城市投放了 60 秒的促销广告，并制作了 3 小时的现场广播节目，连续播放了 8 期；同时请一些明星加盟以壮声势。另外，新品上市之初，采取限制产品供应的手段，制造产品供不应求的局面，也产生了很好的宣传效果。

从"Xbox之旅"的整体策划来看，将试玩大会定位为"狂欢节式"的游戏聚会非常准确。微软特别引进特殊演示技术，发挥路演汽车之旅的特色，将每一处展厅布置成了欢乐的"游戏狂欢节"。这种欢乐的气氛、时尚的布置，充分地展示了 Xbox 品牌的核心特质：优良的质量、逼真的音响和尽情享乐的体验。"游戏狂欢节"的环境氛围，也恰恰符合微软让目标受众深深地置身其中、寻找体验感受的目的。

微软 Xbox 上市战役取得巨大成功，此后排名一直保持在三甲之内。微软 Xbox 的成功在于充分利用了游戏产品与病毒营销与生俱来的共性，将病毒营销发挥到极致。之后大量运用赛事赞助，发动强大的品牌宣传与路演攻势，巧妙地为产品的上市铺就了一条坚实的腾飞之路。

第九章

美国服装业营销

"维多利亚的秘密"就是没有秘密
——美国"维多利亚的秘密"品牌整合营销案例

提起"维多利亚的秘密"品牌,人们一下子会想到性感、时尚、美艳、浪漫。这一世界著名的女性内衣品牌,以极具浪漫情调的设计风格,创造了令人惊奇的销售纪录,是美国最大的内衣品牌。

"维多利亚的秘密"是美国 Limited Brands 公司的核心品牌之一,产品范围相当广泛:从女式内衣到相关衣物,并针对不同的款式出版了不同类型的专业书籍。2003 年,"维多利亚的秘密"品牌开设了 1009 个分店,销售额达到 28.22 亿美元。

"维多利亚的秘密"品牌极大地满足了女性消费者的心愿:做一个真正的女人。

人们一提起"维多利亚的秘密"就联想到其在电视直播的内衣秀,一个万众瞩目又备受争议的时尚节目。因播出的内衣秀表演过于暴露,美国联邦通信委员会每年收到数以千计家长的投诉;同时,人们也会想到"维多利亚的秘密"极富诱惑力的平面广告,超级名模的倾情演绎,使"维多利亚的秘密"品牌内衣更具魅力,也更使女性消费者"该出手时就出手"。

当然,"维多利亚的秘密"稳步上升的销量并不只是依靠几个颇受非议的广告和模特出位的表演,"维多利亚的秘密"坚持传统与网络经营共同发展以及大胆的多产品策略,在其中起到了非同寻常的作用。

"维多利亚的秘密"品牌发展简史

20 世纪 70 年代早期,罗伊·雷蒙德创立了"维多利亚的秘密"品牌。

"维多利亚的秘密"自成立之日起,即与魅力、浪漫联系在一起,并成为女式内衣的代名词。

"维多利亚的秘密"品牌建立之初,只有三家商店进行邮购服务。1982年该品牌被Limited Brands公司并购。

许多人望文生义地误以为"维多利亚的秘密"是英国的品牌,也使"维多利亚的秘密"品牌获得了不朽的传奇色彩。这个品牌真正的意义在于创建了一个舒适、安逸、惬意和富有魅力的氛围,这种气氛恰恰与维多利亚时代的淑女闺房十分相似,于是,一个纯粹女性化的品牌形象慢慢积淀形成了。

"维多利亚的秘密"女性内衣业务是整个Limited Brands公司最上乘的业务。"维多利亚的秘密"品牌所承载的是一种性感、年轻和浪漫的感觉,男人与女人都意识到"维多利亚的秘密"品牌产品是一个拿得出手的礼品。

为了永远立在时尚潮流的浪尖上,每隔几年,所有的"维多利亚的秘密"旗舰专卖店都会在装修上进行升级改版,以给予消费者更新奇的感受。这些开设在全球最繁华商圈里的店铺,吸引着女性消费者的驻足。

"维多利亚的秘密"的经营团队一直努力将"维多利亚的秘密"品牌打造成一种生活态度的标识,它慢慢地渗透进消费者的生活,不管是居家服装、内衣,还是化妆品,均希望既体现舒适感又兼具时尚新潮。

"维多利亚的秘密"品牌塑造体系严谨。从产品研发、新产品推出、上市营销宣传等各个环节都渗透着整体合一的经营策略。

"维多利亚的秘密"以传统的邮购商品目录销售为基础,以在线销售为前导,再以"维多利亚的秘密"时尚节目等活动为串联,有效地吸引了目标受众——女性消费者的关注。应该说,"维多利亚的秘密"品牌咄咄逼人、大胆前卫的广告形式，在广大受众中引起了巨大的反响，也获得了难以想象的口碑传播，为未来的市场开拓积累了深厚的品牌资产。

时尚网站，时尚体验营销

网上购物日益时兴起来。网上购物意味着购物者拥有更多样的、个性化的选择。网络可谓是一个双赢的沟通方式，一方面，充分满足购物者的需求，创造轻松、方便且性价比更好的购物环境；另一方面，网站与实体店面紧密结合，线上线下促销活动衔接紧凑，有效地推动了在线购物者光临实体店面，达成终端销售。

一项调查显示，超过一半的购物者在真正决定采购某项商品之前，会先行上网浏览；此外，他们希望能够选择以各种不同的形式进行购物。

传统的零售店均增添了商务网站这个销售平台，以增强竞争力。"维多利亚的秘密"同样也跟上了网络时代的步伐。

"维多利亚的秘密"商务网站的成功运作，也是其整体经营战略重要的组成部分之一。

网站开业一鸣惊人

为了让"维多利亚的秘密"网站开业能引起更大的轰动，Limited Brands 公司精心策划了一个大型营销战役。整个战役整合了电视、平面和网站资源，并借助一个万众瞩目的事件营销将"维多利亚的秘密"网站开业搞得轰轰烈烈。

营销战役以电视广告为前导，结合了大量日报和周报的平面广告支持。平面广告使用了品牌的名模代言人，在令消费者赏心悦目的同时，也在短时间内迅速提升了网站的知名度。

网络广告也是其中的重头戏。"维多利亚的秘密"网站以及 Limited Brands 公司投资的网站都投放了网络横幅广告和弹出窗口广告，以加强宣传力度。"维多利亚的秘密"网站上开设了名模泰拉·班克斯的专题网页，为此次活动引来了 40 万的注册用户。

"维多利亚的秘密"通过多年的品牌塑建，在传统渠道中建立了深厚的品牌基础。如何适时搭上电子商务的快车；如何使品牌的资产在网络上实现无缝转移；如何将"维多利亚的秘密"的网络平台变成传统品牌的延伸，而不是让广大消费者感到是一个另起炉灶的全新业务形态，成为此次网站开通面临的最大挑战。Limited Brands 公司希望此次网站开通成为一个借力打力的品牌传播战役。

Limited Brands 公司决定在做好终端宣传、广告造势的同时，通过一个不同寻常的事件营销的方式，全面启动网上销售渠道。

美国橄榄球"超级碗"是美国收视率最高的体育节目，在此节目中投放广告，能够迅速聚拢观众的注意力，因此这一赛事进入了营销队伍的视野。许多人都认为男性观众应该占据收视份额的绝大多数，而实际上其中的三分之一是女性观众，这正是"维多利亚的秘密"营销团队一直以来努力寻找的一块宣传阵地，在这个节目中投放广告可以触及最大数量的受众群。Limited Brands 公司毅然购买了"超级碗"的广告位。这一届"超级碗"的收视人群达 1.25 亿人。令人欣喜的是，在"超级碗"第一节结束后，"维多利亚的秘密"的广告播出 30 分钟之内，有 100 万人上网登录了"维多利亚的秘密"网站，此次活动大获成功。"维多利亚的秘密"网站借助此次事件营销声名鹊起。

在线美丽体验之旅

"维多利亚的秘密"的网上销售独具魅力，最大限度地满足了消费者日益个性化的购买需求，令上网者真正体验了一次快乐之旅。

登录网站的消费者首先会看到一个美艳的模特出现在网站首页的核心画面上，灿烂的笑容会令消费者感到亲切与温馨。

"维多利亚的秘密"网站结合品牌进行了精心设计，并且具有极好的实用性。通常的情况下，商务网站的设计都特别注重新颖别致，突出创新，不过消费者登录后，通常感觉如坠迷阵，什么东西也找不到。"维多利亚的秘密"网站的设计则避免了这些问题。

"维多利亚的秘密"网站特别考虑到消费者线上线下享受同样的购物体验的问题。网站的内容与传统邮购商品目录设计得几乎一样，以前收到过邮购目录的用户，会感到十分熟悉，新用户同样能很快就找到所需要的商品。

首页菜单的层次安排得井然有序，内衣、女裤、睡衣裤、鞋子、泳衣、美容用品以及促销信息等一目了然。消费者点击"目录快速订购"选项，可以进入最近一个商品目录，之后像观看邮购商品目录一样浏览页面内的商品。不过，与邮购商品目录不同的是，在线目录允许顾客使用鼠标对产品进行选择、放大、设定型号与在线购买，而且顾客可以完全超越邮购目录或是在线目录进行自由选购。此外，"维多利亚的秘密"投入很大的精力强化其"顾客服务"页的安排，在许多其他相关的特别页面都特别设置了"就近商店指南"的链接。

网站服务项目的设置根据实体店铺销售的反馈进行调整，开设了专区等。专区的设置使消费者拥有了比实体店铺更大的选购空间。例如比基尼专区，消费者可以享受在线试穿。根据店铺内的调研发现，每个女性消费者适合的比基尼泳装的上部与下部的尺寸都不一样，在店内试装也多有不便，而在网上试穿，可给消费者更大的私密空间。消费者可以在"维多利亚的秘密"品牌提供的100多个款式以及数量繁多的套件组合中，为自己寻找合适的比基尼组合；通过网上试穿，试用所有的上装与下装的组合，鼠标点选即可完成调换尺码与变更颜色。

"维多利亚的秘密"配合产品宣传，也会推出一些线上线下结合的营销活动。例如为了配合比基尼泳装产品的宣传，"维多利亚的秘密"发动了电子邮件数据库营销战役。发给顾客的电子邮件简洁地介绍新的服装款式，并在底部加上一个链接，指到 Flash 产品展示区。营销人员称，所有的电子邮件均短小且扼要，而且邮件的反馈率比业内的电子邮件营销战役的反馈率高很多。消费者对于电子邮件的关注度很高，所以宣传的有效性非常显著。线下的支持也十分必要，"维多利亚的秘密"选择在一些游泳杂志上投放四分之一版广告，以提高此次比基尼泳衣的宣传力度。

总而言之，"维多利亚的秘密"品牌集中推崇一种生活方式，通过生活方式触动消费者最深的情感。"维多利亚的秘密"实际上是给予消费者一个渴望,时尚的服饰则圆了她们美丽的梦想。

线上线下统合经营

"维多利亚的秘密"网站一直保持着很高的访问量,网络销售很成功,已经销售出了几百万美元的女性内衣、时装、美容用品和饰品。

即使网络上的销售如此高涨,"维多利亚的秘密"也没有一味依靠网络销售而撤销实体店铺。其实"维多利亚的秘密"的实体店铺与邮购销售的营业额,占了总营业额的98%。此次营销战役使"维多利亚的秘密"的店面销售,也得到巨大的增长。"维多利亚的秘密"品牌成功的另一个原因是,"维多利亚的秘密"专卖店为顾客提供了面对面的帮助,与顾客建立起一种非常个性化的、令人欣喜的关系。

"维多利亚的秘密"的品牌传播没有将自己局限在网络上,而是多头并进:第一,在线公关与线下公关相结合;第二,网络销售与电话销售同步开展;第三,电子邮件与直邮信件营销并重;第四,推动终端销售,强化售后提供更个性化的服务。

电视时尚节目引导新潮流

在时尚商品层出不穷的今天,商家只有不断地创造潮流、引导潮流,使消费者能体验无穷无尽地寻找时尚之源的快乐,才能取得市场上稳固的地位。"维多利亚的秘密"深深地了解时尚的秘密,适时地制造万众瞩目的热点,迅速提升消费者的关注热情。

"维多利亚的秘密"一向探索以创新和挑战的方式,扩展其品牌对客户的影响。

"维多利亚的秘密"冠名的年度时尚内衣秀节目每年于11月由哥伦比亚广播公司进行现场直播。这一节目主要以身穿内衣的模特进行内衣展示为主。身着暴露内衣的模特们,或打扮成天使的模样,或着华艳盛装登台。这个时装节目收到不同凡响的效果,在美国创下极高收视率。同时也备受争议,每年都有数以千计的观众投诉到美国联邦通信委员会。内衣表演同时进行了网上直播,网站点击率超过了千万次。节目播出的每个晚上,内衣秀均成为所有访谈节目的讨论热点。

这种不同凡响的效果,正是"维多利亚的秘密"营销活动所追求的。

品牌延伸美丽产业

知名品牌依托其品牌影响力,向其他行业、领域延伸其产品线是普遍的做法,"维多利亚的秘密"也不例外。

"维多利亚的秘密"品牌早在1999年就开始涉足化妆品市场。研发的产品从价格适中的浴液、香粉,到昂贵的化妆品、香水和饰品,应有尽有。"维多利亚的秘密"品牌化妆品的销售额一直稳定地以两位数字增长,这对于新开展的业务来讲,是一个相当可观的成绩。

借助品牌影响力进军新业务领域

"维多利亚的秘密"品牌化妆品,最大的成功之处在于对于品牌资产的成功转化。"维多利亚的秘密"品牌已经在女性消费群中建立了很好的品牌形象:性感、成熟的女性特点。从服饰品牌所积淀的知名度,无缝移植到化妆品上十分容易,而且这种过渡也非常自然与顺畅。例如在香水的推广中,从包装设计、广告宣传到产品的命名都留下了该品牌资产的印迹。

"维多利亚的秘密"本身并不担心分销渠道,该品牌化妆品在其专卖店、独立的销售专柜一同销售,同时也通过互联网及邮购商品目录进行分销。

品牌资产成就新品牌

香水产品的命名也反映出对于"维多利亚的秘密"品牌资产的传承。各式各样的女性内衣产品名直接成为了香水品牌的名称。

"维多利亚的秘密"一共推出了24种香水,产品充分顾及高档与低端的消费者,这种两极化的策略很有效。

"梦幻天使"是1999年推出的主品牌,该款主要针对女性的香水充分体现了性感、迷人、浪漫的特色;"粉色"品牌于2000年上市,作为一种日用型香水,针对的是更年轻的女性消费者,所以采用了果味淡香型;新款的"极度性感"品牌产品包裹在黑色的网眼织物里,是一件令人爱不释手的尤物,当然更具刺激性和煽动性。

店内销售是"维多利亚的秘密"品牌化妆品的主要经营形式,其专卖店不断推陈出新,一直追求高品质的店铺设计,与化妆品的品质很契合。

这种"搭售"十分巧妙。当女性消费者到专卖店购买女性服饰的时候,顺便买些香水、饰物也是合情合理的。关键专卖店所营造出的高档次、高品质同样会感染女性消费者。

性感营销

"极度性感"的平面广告充分展示了品牌的内涵。广告中,简洁、高雅的空房间里,身着黑色蕾丝短裤足蹬高跟鞋的妖艳女模特,站在一把古典样式的座椅旁,她双臂环抱着赤裸的上身,高傲地目视前方,冷峻的目光蕴含着"来这儿"的挑逗意味。整幅画面中没有摆放香水瓶来分散观众的注意力,只是简洁的浅色调为主的画面上以醒目的红色字体标出品牌名称——"极度性感"。画面下方介绍性的文案写道:"非常刺激的新香水。"

"梦想天使"品牌也表现的是性感,但是采用更严肃、端庄的形象,半裸的女模特在天使羽翼中显得冷艳动人。

"维多利亚的秘密"品牌营销最显著的成功是既收获到巨大的销售收

入的增长，又惹出了众多的争议。"维多利亚的秘密"之时尚节目中暴露、艳丽的模特与内衣所展现出的性感成为最大的争议；"维多利亚的秘密"品牌的邮购服务与网站服务以及直销服务，让顾客尽情享受性感、精细的生活；传统的店铺同样令消费者有了更多的、更直接的美丽体验。

在传统与现代的撞击之中，"维多利亚的秘密"品牌迅速成长；在多元化的经营策略下，"维多利亚的秘密"品牌引导时尚，开创了一个又一个的销售佳绩。

美国传奇的复活
——Coach 品牌美国经营案例

成立于 1941 年的 Coach 是美国资格最老和最成功的皮革制品公司之一。其凭借着耐久的优良品质、精湛的制作工艺，在一代看重耐久产品的美国女性消费者中建立起坚实的声望，Coach 的顾客通常会用"结实、实用"形容 Coach 的产品。Coach 也一直为自己产品的高质量深感自豪。

基于长期以来优良的品质在消费群中建立起的良好品牌形象，Coach 一直坚持以朴实的风格进行广告宣传，广告一直采取在简单的白背景前陈列产品的形式。"传奇"一直是 Coach 宣传中要传达的重点信息，作为美国几十年的老品牌，它确实可以称为一种传奇。一直到 20 世纪 90 年代中期时，该品牌的业绩仍旧蒸蒸日上。

Coach 不仅是皮革品牌，因其定位于女性消费群，因此也具有时尚品牌的所有特质，然而时尚品牌的游戏规则就是"变化"。

时尚，以变革的名义

古琦和普拉达公司以其新潮的欧洲新款手包，在美国市场迅速瓜分走很多市场份额。Coach 的忠诚顾客在流行潮流的推动下，纷纷改换门庭，转投真正领引时尚的品牌旗下。Coach 面临巨大的竞争压力，它必须全面革新，成为一个充满现代气息、时髦的品牌。

1996 年，当 Coach 的调整策略开始赢回那些女性消费者的时候，又开始将宣传的触角伸向了更年轻的消费者。Coach 从来没有过如此充满创新的激情，它以前所未有的热情与勇气使品牌充满活力。革新也刺激着销售的增长。

Coach 全时尚计划

Coach 的复兴计划始于 1997 年。Coach 调整了公司的管理层，将制造工厂转移到亚洲、欧洲和加勒比海周边地区。

Coach 的产品线扩充了新品类，例如手表、鞋类、珠宝、帽子、丝巾和手套，Coach 为整个产品家族增加了一系列的小服饰产品。当轻型手包越来越受到女性消费者青睐的时候，Coach 推出了系列产品以迎合这种潮流。

1998 年，Neo 手包上市。这是一款很轻且细长的手包，由氯丁橡胶织物与皮革混合制成。两年后又推出 Hamtons 品牌系列饰品，包括皮包、鞋类和丝巾。

2001 年，为庆祝 Coach 品牌 60 年纪念，Coach 精心策划推出了"签名珍藏"（Signature Collection）系列产品，包括手包、帽子和饰物等产品。Coach 从公司的历史档案里精选出了一个重复交叠组成的"C"标

记的图案，"签名珍藏"系列产品均带此标识，该系列产品实际上也是 Coach 品牌推行多年的"传奇"营销战役的一部分，依然保持 Coach 品牌一贯朴素、求实的作风。

2002 年秋季，推出 Hamptons Hobo 手包，定位于城市住宅区消费者，产品上增加了皮革和扣环装饰物。同时上市了牛仔服皮带、条纹围巾、塔

特萨尔花格呢饰品等新产品。

2002年春季,推出了全新男式系列产品,和女式产品一样,包括鞋类、围巾、包、行李箱、公文箱、皮带等产品。

全方位分销

Coach产品主要通过Coach商店、中高级百货公司和专营店以及Coach的网站在全球分销。Coach公司在全美经营着200多家零售点,其中包括该公司自己的74家商店。同时Coach在海外还有200家商店,2002年初与日本住友公司合资成立Coach日本分公司。

业内分析家认为,Coach调整其在美国核心消费群心中的形象,具有重要战略意义。一位业内专家说,Coach的顾客没有发生意味深长地变化,不过其消费群基础更广泛了一些,同时保持着非常强的忠诚度。

Coach营销部负责人称,忠诚度是关键。Coach提供可为大家所理解的时尚,同时不能疏远其核心消费群:一些顾客正在寻找经典、持久的款式;一些顾客则更关注身份、地位;其他的顾客更奉行实用主义,他们需要一个实用的包。吸引住新顾客的同时,也不能疏远这些老顾客。

朝气十足的宣传战役

Coach的广告,一度相当呆板、僵硬,遵从传统的模式。现在根据整体策略的安排,广告也变得明快和生气勃勃。广告的中心紧扣产品,图像轮廓鲜明,更加华美,色彩更艳丽。虽然广告作品不像PRADA品牌的广告那样出位与咄咄逼人,但也创造出了一种全新的品牌形象:显得充满活力、朝气蓬勃以及富有时髦的现代感。

Coach品牌成功的关键是必须清晰地理解Coach创建之初怎么取得巨大成功,以及为什么能在目标消费者心中烙下深深印迹的原因。即使现在产品看起来并非完美,整体品牌显得有些陈旧,但是Coach拥有5亿美元的营业额,这证明过去市场经营的确是成功的。

在美国，最容易的一件事就是说："这是一个现代美国经典。"但是这个经典到底是什么样的？不只是一款手包，而是每一季节里出现的数以百计的款式。那么，这个经典在广告里怎样去表现？在店铺如何去展示出来？在包装上再如何去体现呢？

Coach 经过反复斟酌，最终确立了全新的品牌传播策略。

广告战役沿用"传奇"

Coach 逐渐提高了广告支出，以提升品牌形象。1996 年时，一个名为"活着的传奇"平面广告堪称一流的作品，产品陈列在白背景前面，显得非常突出，但是整个广告风格上依然守旧、传统和拘谨。

广告诉求点是将 Coach 品牌比作"一个美国的传奇"。为了突出品牌历史久远，Coach 特别将马克·吐温的第四个外曾孙、加里·库珀的女儿玛莉亚·库珀·詹尼斯等使用过的 Coach 品牌装饰品放在广告里，以显示其耐久的品质。

1999 年和 2000 年，Coach 继续沿用了"传奇"作为营销战役的主题，但是摄影师换成了 Mario Testino，他以更大胆的、更富有色彩的风格拍摄了以女演员 Sela Ward、Marisa Tomei 和 Julianne Moore 为主角的 Hamptons 品牌的性感形象广告。

Testino 先生此后拍摄了一组非常经典的假期促销广告，在消费群中产生了积极的反响。在这个系列广告中，首次使用了一窝可爱小狗。这些小狗憨态可掬、顽皮、滑稽的样子，给 Coach 品牌赋予了更多的生气。Coach 公司围绕着这些小狗开展了一个宣传战役，2002 年假期中推出的一支广告表现了一个动人的场面，一只小狗靠在一只拖鞋旁边，可爱温馨的感觉让观众再次被 Coach 品牌感动。

Coach 的品牌形象调整确实起到了非同寻常的效果：品牌形象提升的同时，营业额也得到了非常好的增长，美国的店铺销售也上升了 10% 以上。

明星是这样造出来的
——锐步公司品牌整合营销战役

目前,世界体育产业的年产值已达4000多亿美元,并且以每年20%的速度增长。

据资料显示,20世纪90年代中期,美国体育产业的市场价值达1520亿美元,是美国的第11大产业;美国体育产业的年产值甚至超过石油工业、汽车业、航空业等,并且每年保持不断增长的势头。

体育产业融合了经济、文化、艺术、科技、娱乐等多重要素,是一个综合性的产业。体育产业以其巨大的商业性,每年创造出巨大的经济利益;与其关系密切的、庞大的衍生行业,也创造出不容忽视的经济效益。

体育产业被企业誉为"露天金矿"。经济学家也认为,它是经济增长强劲的支撑点之一。

根据美国运动产品制造商协会的统计,美国运动鞋的销售量多年平稳增长,不过因为零售店内打价格战,让制造商为赚得每一块钱都要付出巨大的努力。

美国体育市场的竞争是空前激烈的,耐克、阿迪达斯、锐步和其他的制鞋商卷入了一场旷日持久的抢夺市场份额的激烈争斗中。耐克作为美国运动鞋市场的龙头老大,善用广告攻势和科技创新,爱用体育界名人做形象代言人,占37%的市场份额,具有绝对的优势;阿迪达斯在运动鞋市场资格最老,2004年在美国市场的销售额位居第四;彪马的设计风格迎合时尚,喜欢用娱乐圈名人做广告,深受青少年的喜爱。

锐步在美国是最老的品牌之一。进入20世纪80年代,因为未能跟上迅速变化的市场趋势,这个曾经熠熠生辉的品牌,渐渐褪去了耀眼的光芒。锐步在经历了多年的艰苦挣扎之后,于2000年开始调整经营策略,业绩逐步回升，慢慢进入了腾飞的快行线。锐步与篮球明星阿伦·艾弗森签约推广运动鞋，赢得了一个转折性的胜利；之后锐步与美国职业篮球联赛（NBA）和美国职业橄榄球联盟（NFL）达成了特许销售协议；与此同时，锐步的市场份额也上升至15%。

锐步作为一个老牌的体育用品生产厂商，励精图治打了个漂亮的翻身仗，逐渐夺回了一些市场份额，锐步公司制定的一系列市场策略在其中起到了巨大的作用。以下将解析锐步公司如何调整品牌策略、如何与目标消费群建立起"亲密接触"、如何将科技与时尚融合，为锐步品牌打造一件"至酷"的外衣。

极速品牌独步天下

锐步公司是一家老牌体育用品公司，源自英国。锐步公司的前身是 J. W. 福斯特父子公司。1890 年，约瑟斯·威廉·福斯特制造出了福斯特钉跑鞋，之后开始为赛跑运动员制作手工跑鞋。不久成立了 J. W. 福斯特父子公司，在著名运动员群中建立了良好的口碑。

1958 年，公司创始人的两位孙辈传人成立了合作公司，取名锐步，喻示该运动鞋带给消费者一种极速的感受。锐步品牌产品于 20 世纪 80 年代进入北美。

锐步公司推出"自由方式"（Free Style）运动鞋以后，在市场上引起了轰动，从而促使锐步公司调整了战略。20 世纪 80 年代末期，锐步公司开始积极向海外市场拓展。

变则通，新世纪新变革

20 世纪 90 年代，美国的市场发生了巨大的变化，消费趋势也随之改变。

新一代的青年人是完全不同的消费者：他们伴随着新技术成长，能迅速接受新生事情，有无穷的想象力与创造力；他们从来都是时尚的引导者，对新潮与流行趋势有着与生俱来的敏感；同时善于借助自身的力量推动潮流，网络更使他们如虎添翼。

此时，锐步数十年建立起来的品牌形象，已然显得落伍；企业针对健身与运动制定的经营战略也受到竞争对手强有力的冲击；积累了数十年的品牌资产因未得到适时的维护，有所削弱，因此锐步未能进入流行快行道。

耐克、阿迪达斯、彪马以及其他美国本土品牌却在全面发力。或是像耐克那样从技术入手，以更高的科技为武器，以体育明星为冲锋陷阵的急先锋，迅速冲开市场，跑马圈得更肥沃的领地；或如彪马挟娱乐时尚之风，哄着青少年变得慷慨大方，从青少年满满的储蓄卡中，彪马赚得盆满钵满。

锐步公司深深地感到，只有改变才能生存。

实际上，经营战略的问题是锐步公司面对的更大挑战。以前，迎合健身的风尚，锐步倾向于健身产品的推广而取得了成功。现在，体育用品的主力消费健将是年轻人、青少年，他们需要的是充满激情的生活，寻求无处不在的刺激。对着他们谈健身，他们只会视之为一杯放冷的开水；极限运动才是他们想要的：总是令他们热血沸腾，是一支刺激着他们勇往直前的生物兴奋剂。

借助体育赞助极速成长

锐步已经到了重新寻找品牌活力的时候了。

20世纪90年代末期，锐步公司进行了战略性转型。跟着潮流走，是锐步公司最重要的策略调整：从健身企业全面转型为与运动领域相关、范围更广阔的企业，将公司品牌与全球最优秀的运动明星联系起来。

锐步对品牌的定义也做出了全面的诠释：为那些追求自我风格的年轻人所定制的服饰。酷、前卫、灵感，这些时尚的、年轻化的词语成为锐步品牌鞋类与服装系列设计风格的主要元素。

2000年12月，锐步公司宣布与美国国家橄榄球联盟达成独家合作协议，锐步获得 NFL 的独家授权，在 10 年中为所有 32 家 NFL 球队制造、销售赛场球衣、场外服装、训练服、运动鞋等带有 NFL 标识的商品。

2001 年 8 月，锐步公司与 NBA 签订为期 10 年的战略合作协议，在这项协议中，锐步公司为 NBA、美国女子篮球联盟（WNBA）和美国篮球发展联盟（NBDL）（NBA 的少年联盟）制造、销售含有上述标识的商品。

锐步同时为棒球、足球、田径和其他运动项目生产了一系列的新型运动鞋，还与众多专业运动员、运动队和联盟签订了赞助合同。

锐步为此开展一个名为"运动节奏"的整合营销战役。"运动节奏"战役进行了多年，利用体育、音乐、科技三大时尚流行元素，制造出一个又一个流行潮。

这个整合营销战役充分整合了电视广告、平面印刷广告、推广促销、公关等多层次的营销组合。这个营销活动的一大特色是，将锐步公司签约的各项体育活动的明星以及最前卫的歌星，完美地融入整个营销战役中。

体育明星效应提升品牌竞争力

作为一个体育产业的品牌，与体育挂钩是天经地义的事情，当然，与体育明星建立起关联，更是搭上潜在受众群——年轻消费者——神经的最快的方式。

如何从开拓运动员专用鞋市场过渡到开拓普通消费者的大众市场？如何借助体育迷对体育明星的崇拜建立起品牌忠诚？这是锐步亟须解决的问题。

以篮球运动为例，篮球运动在美国十分兴盛，美国的青少年热爱篮球运动，是其忠实的观众与参与者。美国篮球运动的特色在于强调个人技术与以核心球员为主，技艺精湛的核心球星对于一场比赛的胜败起到了至关重要的作用，篮球明星在篮球爱好者心中拥有至高无上的地位。如果一个体育品牌与此类球星密切配合，就能够在核心消费群中占据十分有利且牢固的位置。

多年的经验也使锐步成为善于经营体育明星的公司。他们能够从年轻球员的表现中嗅出其星运，并善于包装有潜质的青年新锐。他们在球员未成名时与之签约，待球员成名之后，其明星效应能极大地促进锐步品牌资产的积累。

签约 NBA 明星阿伦·艾弗森就是一个很好的例子。

1996 年，锐步公司打算启用一名 NBA 的明星作为代言人。他们发现阿伦·艾弗森颇具大将潜质，将是球场和市场中引发最大轰动的双料明星。

艾弗森进入联盟的第一年，获得 1996—1997 赛季 NBA "最佳新秀"称号。随后参加 1997 年全明星周末 "新秀大赛"，得到 19 分，9 次助攻，获得 "最有价值球员" 称号。

锐步敏锐而及时地抓住了阿伦·艾弗森的发展潜质和人气，与之签约。之后立即为艾弗森设计了第一双运动鞋：The Question Mid。

1997 年，锐步为艾弗森专门生产了 The Answer 品牌篮球鞋。The Answer 借着艾弗森热潮，获得了异常的成功，成为最受欢迎的篮球鞋之一，到 2003 年已推出第七代。同时，锐步为其推出另一款艾弗森品牌鞋：Iverson Question II。

锐步几乎每年都会推出艾弗森新款运动鞋。为了与消费者产生更亲密的关联，艾弗森在锐步的全年营销战役中，承担不小的宣传任务。

有过 5 年的成功合作之后，锐步公司和阿伦·艾弗森于 2001 年 11 月签订了终生协议，这项协议确保艾弗森在整个运动生涯中作为锐步公司的签约运动明星。

虚拟造星计划

体育营销特色之一是建立情感链，通过不断地维护和加固这条与消费者之间无形的情感链条，慢慢在消费者心中培育出与品牌的感情。企业选定了与自己形象相关的运动之后，应该做出一个长期投入的打算，放长线才能钓到大鱼。

当锐步公司从体育明星代言的活动中，逐渐将自己的品牌转变成为一个更为年轻化的品牌的时候，锐步也一直考虑通过一个能引起爆炸性效果的营销战役，将品牌的知名度进一步提升，寻找到一个与核心年轻消费者沟通的途径与理由，引发锐步品牌的知名度与销售量的双丰收。

锐步品牌充满了"酷、前卫、真实、充满灵感"的基因，所以一个"造酷"事件，会让年轻人疯狂起来。"酷"意味着与众不同之处，只有与众不同和新奇才可能引起年轻人的兴趣，当他们的积极性被调动起来后，"一切皆有可能"。

特里·泰特造星计划正是这个引爆点，全面启动了锐步的品牌升级战，也成为锐步体育营销的经典之作。

锐步演绎橄榄球真谛

作为一个定位"造酷"的体育品牌，锐步对网络营销格外重视。锐步借助网络营销战役打造特里·泰特这个明星的初衷，并不只是想作一场热闹的表演，为追求曝光度而随便"烧掉"一些宣传费用，锐步希望有效地利用年轻人对网络的热衷，迅速将锐步品牌中"酷"的感觉推到极致。

经过反复研究，这个在线大型整合营销战役的引爆点落实在全美体育最大的盛事——全美橄榄球"超级碗"现场。

美式橄榄球具有超乎想象的人气，NFL拥有将近1.25亿忠实观众。2003年，"超级碗"更是创下了美国电视收视率最高纪录——有1.39亿观众收看了电视直播。如此之高的收视率，如此之广的观众群，是营销战胜利的保证。

橄榄球的运动精髓同样也是此次特里·泰特造星计划的核心要素之一。

橄榄球运动的核心精神是团队的力量。它与NBA比赛不一样，一个人永远无法完成一次进攻。这是一个团体赛，每个人分工明确，没有人可以为了自己出风头而输掉比赛。在一个橄榄球明星身上，会更清晰地体现出团队精神。于是，锐步公司为了使品牌与受众建立起更紧密的联系，决定造就一个专属锐步的明星：特里·泰特。他身材魁梧、肌肉发达，从外形上看，完全是一个标准的橄榄球健将。

不过，在广告片里，特里的舞台不是在球场而是在办公室，他在那里依然需要"冲锋陷阵"，"达阵得分"。他在广告里面受雇于虚拟的弗尔父子公司，担当该公司的"专职后卫"——监督所有职员的工作。广告的场景选用的是办公室，事件则选取人们在工作中时常遇到的一些细节琐事。办公室的生活是人们最熟悉的，这个小生活圈恰恰反映了社会最为真实的形态；办公室里发生的奇闻逸事，也是人们最为熟悉的、最有感触的，更容易与观众产生深切的共鸣。

再者，特里·泰特以运动员的身份出现在办公室里非常突出、抢眼。特里的性格决定了他必将是人们注目的中心：他表现出对于体育精神的执著追求，是一个十分叫真的人，对于任何人的懈怠与懒散，他都洞察秋毫，给予应有的惩罚。用一个更贴切的比喻，他是一个典型的"办公室专职后卫"。

"超级碗"的插播时段可谓"寸秒寸金"，这里每年都吸引全美最大的企业来投放广告，因为大家都知道这是一个"一夜造就神话"的机遇，所以，各大企业都会将最具创意、最夺人心魄的广告拿出来比拼。可以说，在"超级碗"插播的广告中脱颖而出的新锐广告，将为品牌带来巨大的知名度与美誉度。

开篇之作触发观众最大好奇心

锐步的广告长达60秒，只在"超级碗"中播放了一次。不过，其广告大胆地以幽默的基调传播出一种让人始料未及的"办公室恐怖"，获得了众多观众的喝彩。

广告片开始，弗尔父子公司的老板对着观众喋喋不休地介绍说，自从公司请来了一位橄榄球后卫，大家都觉得很不适应，认为太不可思议了，简直是疯了。

这时画面转到办公室。只见一名雇员悠闲地端着咖啡杯，边走边与身边的同事打着招呼。就在此时，一个红色身影带着风声斜刺里冲出来，以标准的橄榄球动作将悠闲的雇员"截杀"在地上。一个穿着红色球衣的人从地上站起来，他就是特里·泰特。此时的特里如同凶神恶煞一般，对着地上的雇员大吼："休息时间在 15 分钟前就已经结束了！"

弗尔父子公司的老板再次对着镜头说："自从特里·泰特加入了我们的团队，公司的工作效率提高了 46%。"

接下来，三个办事员相继被"就地正法"。一个动作迟缓、缺乏工作主动性的男职员被特里从后面包抄"截杀"在地；另一个懒散的雇员被撞得飞向办公桌；连纤弱的女雇员也因办事迟疑被特里撂倒在地。特里放倒了一个正在玩电脑游戏的雇员后，大声喊道："你不许再玩游戏了！现在是上班时间！公司在付你薪水！"之后，特里以一声经典的长啸，结束了他的训话。

公司老板再次出场，对着观众欣喜若狂地说："有了这么高的工作效率，再也用不着雇用那么多磨洋工的少爷、小姐了。"

特里表现出了前所未有的工作热情，他以完美的技术动作，精准地阻截掉一个又一个偷懒的职员。一时间，办公室刮起一股红色的特里旋风：办公室内人影翻飞、纸笺遍地。大家都得了恐"特里"症，人人自危。特里也落下了"爆脾气后卫"的绰号。

公司老板又介绍说："真是让我们感到惊奇。特里很快就成为我们中的一分子，我们现在没他不成。"接着老板会心一笑，十分真诚地说："我们真觉得，要是有十个特里就好了。"

片子最后打出广告语："特里·泰特，专职后卫。"

锐步广告以一个惊人心魄的广告创意，瞬间强烈的冲击力，打动了千千万万个美国观众的心。正是这个后来饱受非议的广告——因为广告展示的冲撞具有暴力倾向，受到一些家长的指责——这个带有暴力色彩的多次重复诉求的表现形式，给观众带来了强烈的感官刺激，这正对了青少年与年轻人的胃口。他们正打算从那些展示睿智、轻松的广告中寻找到一些更符合他们口味的东西。

特里的广告与那些非橄榄球迷的人也产生了关联，因为普通观众都有在办公室上班的经历。广告里选取的都是办公室里常见的琐事：喝咖啡、工间休息、打电脑游戏、因为操作不当造成办公用品大量浪费……这些点被放大、表演出来之后，一下子搔到了观众的痒处。大家太熟悉、太能够引起共鸣了。特里以运动员的身份出现，更容易与那些球迷产生心灵链接。

在"超级碗"上播出的 60 秒的广告只是前奏，网站上投放的长达 4 分钟的广告，给予了特里充分的演绎时间，所以能够感动更广泛的受众群。因为这些长广告中蕴含着不同风格的幽默，从各个方面都能激起人们的兴趣，这是其他广告所办不到的。

锐步广告依托最具吸引力的赛事，由最佳传播平台（CBS）独家转播，在最短的时间内，启动了市场。而且此赛事的知名度，使观众对此赛事具有巨大的收视贯性，插播的广告比平时的广告能获得更高的到达率，能够给观众留下更深刻的印象。

网络营销塑造真实英雄

时事造英雄。锐步通过电视广告使特里一夜成名，"爆脾气后卫"特里·泰特的大名立即在观众群里传遍了。锐步为特里·泰特开设了个人网站，加强网站上的信息更新，不断丰富特里·泰特的个人信息，目的在于创造一个有血有肉的、现实存在的英雄。

橄榄球赛决赛刚刚结束，大量观众即涌向特里·泰特网站和锐步公司的网站，争相下载球赛中播放的广告片。比赛结束的那个星期，180万人访问了网站，之后的三个月里近1800万人访问了网站。

锐步此后连续在网站上投放了四个长版本的电视广告片，讲述了特里·泰特在管理饭店和参加运动时的经历。幽默风趣的情节再次掀起观众的收看热情。同时，片子从不同的角度诠释了特里成为明星的经历与心路历程。橄榄球运动的核心精神是团队精神，要求每一个运动员必须恪尽职守，才能获得最终的胜利。特里这个人物把这种执著的体育精神原封不动地移植到工作中，他成为"爆脾气后卫"，一个类似偏执狂的办公室后卫，但是人们喜欢他。

锐步在网站上播放的广告片有统一的创意：广告片通过虚拟的弗尔父子公司的老板如何发现特里的不同寻常之处，特里在公司非同寻常的工作经历，特里如何与同事融为一体、亲如一家……将特里塑造成为一个现实中的英雄。

《特里的世界篇》是"超级碗"上播放的60秒广告的完全版，以较长的篇幅讲述了特里在办公室里的经历。在广告片里，公司老板讲道，大家认为他让特里到办公室上班简直是一个疯狂的想法。但是如果循规蹈矩，如何才可以让公司的效率提高呢？幸亏有了特里，他使公司的工作效率提升了46%。

特里在这支广告里有了更长的时间，慢慢讲述他是如何尽职的："我有一种威慑力。任何不遵守规矩的事情，都会令我不能够容忍。作为雇员，你必须遵守规矩。你偷懒的时候，我会立即让你意识到。有些人看来太过激，但是那正符合我的风格。"

特里不遗余力地阻截工作不尽力的雇员，以证明自己不但是一个职业运动员，更是一个专职的管理人员。

接下去的一个场面，诠释了"爆脾气后卫"的威慑力：一个雇员将喝完的空饮料罐扔进垃圾箱，而公司规定要放入回收箱。这一情景恰恰被特里看到了，特里站在门口大吼起来。这个雇员吓得魂飞魄散，忙不迭地从垃圾箱里捡回了饮料罐，放入回收箱，声泪俱下地龟缩在墙角忏悔。

其实，特里已经与同事们打成一片，经常参加同事的生日宴会；特里也参与公司的日常业务，为公司的发展出谋划策……但是特里太认真投入了,一不小心被一辆送信推车撞到膝盖,造成骨折。特里谈到这次经历时说:"我的膝盖受伤,让我不能在办公室出现。我相信我的疼痛也是对拥有良好的工作气氛的一种付出。办公室也是竞技场,有竞技就有痛苦。"特里接着说:"我喜欢我的工作,我每一天都十分尽力,我已经把办公室变成了懒人的地狱!"

痊愈后的特里又生龙活虎地出现在办公室。

身着红色56号球衣的特里,成为了懒人心中的"可怕后卫"。

《敏感培训篇》:

一些雇员开始报怨特里的狂暴行为,老板决定整改,特别请了一位性感的女顾问参与。女顾问首先终止了特里的执法权,取而代之的是一张绿色的"耻辱牌",凡是雇员违规都在身上贴上一张,进行心灵感化教育。

特里只能规规矩矩地穿着正装,坐在办公桌边干着急。很快地,办公室里恢复了过去的混乱:该玩游戏的玩游戏,该闲聊的闲聊,消极怠工的继续靠煲电话粥混日子,雇员之间打情骂俏,过上了怡然自得的悠闲生活。公司的业务一落千丈。特里最后忍无可忍,终于爆发了。当换上红色的56号球衣之后,特里再次恢复了后卫的神勇,顷刻间,办公室内人仰马翻,懒虫们被好好地修理了一番。工作秩序再次得到恢复。

老热点新炒作

2003年3月,锐步公司在"超级碗"之后推出了一支"攻击"性广告,这支广告对老对手耐克进行了无情的讽刺。这个广告直接模仿了耐克投播的备受争议的《裸奔者篇》广告。

在耐克的广告里,一个男人一丝不挂,只凭借着脚上穿的一双耐克鞋,灵活地在比赛场地里闪展腾挪,将后面追赶他的球场工作人员和警察远远地甩开,全场的观众为他的壮举报以长久且热烈的掌声。

锐步的广告如出一辙。

场上进行着紧张的足球赛。蓝队在场外开界外球,白队的一名队员上前抢球,没想到,眼前人影一闪,一个人冲到了他的面前,继续向场内跑。原来是一个只系着一条围巾的全裸男子，身后有两个警察紧追不舍。裸奔者虽然身体发福，但凭借着足上的跑鞋，三躲两闪地逃过了警察的追捕，在场中如鱼得水一般任意狂奔。这时画外音操着一口纯正的英国腔评论道："噢，天哪，又来了！这个特别场面我们以前也看到过。我们看这回警察们还是做不成什么大事。这位仁兄再一次如入无人之境，再次庆祝他的……"裸奔者轻松跑到主席台前，暂时停下脚步，振臂狂挥，以示胜利，全场观众开始为他鼓掌。

说时迟，那时快，只见一个红色的身影斜飞入画面，将裸奔者扑倒在地。观众突然安静下来。此人起身，原来他正是特里·泰特。他对着倒在地上的裸奔者，大声说道："你这个不知羞耻的东西，现在知道什么叫恶有恶报了吧！"接着，他大吼一声，以经典的吼声结束自己的亮相。全场观众齐声回应，同时为特里报以雷鸣般的掌声。

滑稽地模仿竞争者的电视广告有着悠久的历史，在美国的广告业通常被视为合法的传播策略，所以锐步公司并不担心耐克再制作一个反击广告。

线下宣传引发火热反应

当网站的访问量开始下降时，锐步适时推出新广告片重新吸引观众。这种模式非常成功，高峰时，网站上每秒有20多人在下载电视广告片，电视广告片总共被下载近1900万次。

特里·泰特成为此次活动的明星。以特里为主角开展的相关活动，使观众对这个可爱的偶像始终保持着高度热情与期待。

除了网络陆续推出广告片之外，锐步为特里·泰特迷们准备了各式各样的小惊喜：即时通信工具图标、桌面和屏保程序等。网上的活动一共送出15万个图标和8万张特里·泰特的亲笔签名照片；近100万人在网上注册，加入了数据库。

当锐步其后再次发动在线营销活动时，数据库发挥了相当好的作用。例如，2003年10月加州州长竞选时，锐步公司通过数据库向用户发电子邮件，告之特里将参加州长竞选，于是有四分之三的注册者做出了反馈。因为这是一对一的许可营销，消费者在心目中为特里·泰特留下了位置，所以反应非常热烈。对于电子邮件这种电子直销方式来讲，如此高的反馈率，在业内是一个不小的奇迹。

特里·泰特引起了流行文化层面的巨大轰动。特里·泰特这个被创造出来的角色就像"一个与众不同的人"，这个角色成为锐步品牌的缩影，而且超额完成了品牌传播所需要完成的任务，锐步收获颇丰。

NBA明星演绎现实营销战

网络营销为锐步品牌迅速聚敛了巨大的品牌知名度，更重要的是，为锐步品牌累积了支持其长久发展的品牌资产。

锐步十分清楚一点，通过一个事件或赛事进行营销只能算为发动总攻打响了发令枪。毕竟，特里·泰特只是一个虚拟的英雄，当喧嚣过后，尘埃落定之时，善变的年轻人的兴趣会迅速转向其他新的热点。

锐步公司趁热打铁，借助着特里的热潮，连续作战，迅速发动了第二波宣传攻势。

锐步公司选用了签约的四位NBA明星：新奥尔良黄蜂队的拜伦·戴维斯、休斯敦火箭队的史蒂夫·弗朗西斯、新泽西网队的肯扬·马丁和金州勇士队的贾森·理查德森，集中上阵。

2003年6月，推出了一个名为"这是谁干的？"的整合营销战役，包括了电视广告、平面印刷品广告和户外广告。第二阶段的战役，实际上更多地让消费者参与其中，活动阵地还是安排在网上。

网上的活动实际上是一个互动游戏，让观众通过对以往明星个人技术特色的分析，找出游戏里使用绝技阻截对手的那个明星。整个场景设计的如同真实探案一般。观众上网后，被邀请参加侦破一个案件：让上网者寻找一个"罪犯"，这个罪犯使用围追堵截、假动作、凌空飞行和魔鬼突破等运球技巧"威胁"对手。上网者可以勘查犯罪现场、审问嫌疑犯和分析线索。这些上网者也可以注册接受邮件提示和文字信息，以进一步搜索最新新闻。

　　网站在醒目之处打出了此次活动的主题："这是谁干的？"之所以采用游戏的形式，主要是为了吸引青少年和成年人上网者。

　　锐步公司在 MTV、BET、NBA 和雅虎同步投放了在线广告，共吸引了 75 万观众上网。

　　锐步公司的数据显示，超过 9.7 万人参加了为期 6 个星期的调查活动。活动进入高潮期时，锐步在网上推出一支广告，告之罪犯是史蒂夫·弗朗西斯。活动之后进行的一次调查发现，90% 的参与者是 12 岁至 24 岁的年轻人，他们在活动高潮期，每天花费 13 分钟在网站上。

　　作为"特里·泰特"和"这是谁干的？"两大主题营销战役的补充，锐步与专业运动杂志《跑步者世界》合作，推出了一个联合品牌的网站，也吸引了 100 万的访问者。

　　锐步还为阿伦·艾弗森推出了一个在线琐事游戏，上网者可以与艾弗森进行互相作用与寻找乐趣。

巧借虚拟明星，广积品牌资产

　　锐步创新地运用网络营销攻势，收到了比普通线下推广活动更好的效果。

　　2003 年锐步公司第一次以在线宣传为中心推动整体营销战役，获得了成功：在美国，2003 年前三个季度锐步品牌销售量增长了 15.3%，销售额达 12 亿美元。

　　锐步创造了特里·泰特这个活生生的英雄，是对体育不断进取精神的诠释。于是，锐步的品牌不断升华，被受众深深地记在脑海里。

　　众多体育明星的加盟，使虚拟与现实的明星相结合，增加了更多可信性与吸引力。这个虚拟与现实明星的营销战役达到了以下效果：锐步与消费者成为交心的朋友，消费者不仅是锐步的主顾，而且也是锐步的朋友。一种因心灵互通产生的忠诚与信任，也是锐步的品牌情感营销战略希望达到的最终结果。

耐克：全方位互动营销战役

现在，媒体的分散化，特别是有线电视网频道的迅速增长，使得品牌进行传播时与目标消费群的接触点大大增加了。电视广告依然很重要，但是越来越多的品牌塑建必须通过复合媒体：广播、杂志、报纸、直邮和互联网同时进行。对于广大企业的挑战是，必须建立起一个360°品牌战略，与消费者能够接触品牌的所有接触点进行全面接触。

网络成为品牌传播中心

根据业内分析师分析，在线营销战役分为三个截然不同的层次：

最基本的是，简单地把品牌名称通过横幅广告和网站赞助的形式放到网页上；

第二个层次，线上、线下的宣传传达同样的信息。如果在线广告与线下广告的主题诉求一致，将得到更高的反馈，产生更大的效果。

第三个层次，是最高级别，同时也是目前整合营销中最难的级别。将不同的媒体聚合到一起，产生最强的整体宣传力。

电视和广播的影响有很强的推动力。电视和广播两者最擅长创造品牌知名度与兴趣点，同时还可以传达引发感情因素的信息。很多人相信，互联网的互动性最适合创造品牌与消费者之间一对一的关系，在广电媒体宣传的基础上，进一步提升消费者对品牌的兴趣。

如果电视广告产生了作用，消费者希望了解更多产品的信息，可以上网寻找。这给予消费者一种真正与产品进行互动的体验，是一种完全不同的沟通方式。

耐克的整合之路

越来越多的企业将在线广告合并到整合营销战役之中,以寻求更佳的宣传效果。

耐克决定为新款运动鞋推出一个名为"不管是什么"的整合营销战役,并将引入更多的创新的尝试。该战役利用电视和在线广告推动消费者访问耐克公司新开设的 whatever. nike. com 网站,定位的受众群是年轻消费群体。除了向消费群传达创新性的整体品牌信息以外,耐克希望更多地强调新型运动鞋的多功能性。

此次战役耐克以网络营销作为主导,以使品牌获得最大的收益。

耐克意识到,如果只投放电视广告,品牌只能获得30秒或60秒与观众交流的时间。如果消费者看过电视广告之后,决定登录 whatever. nike. com 网站了解更详细的产品信息,他们一定是作出了有意识的决定,要与耐克品牌进行沟通。

为了吸引人们到访网站,耐克推出了一系列由田径明星马里恩·琼斯、篮球明星迈克·马格韦尔等大牌体育明星主演的电视广告。这个系列的广告创意新颖,诉求的出发点是邀请观众成为参与者,让他们自己发现有趣之处。例如其中一支广告给人留下深刻印象。广告全篇都以主观镜头拍摄。片子开场从观众的主观视角随同马里恩·琼斯一起跑过维尼斯海岸的人行道,之后镜头摇出,在大全景中展现了一派繁忙的街景。在广告片结束的时候打出一行提示语"续集尽在, whatever. nick. com"。

网络广告的创意与电视广告完全一致,以达到与电视广告相呼应、相协调的效果。例如,马里恩·琼斯主演的电视广告播出的同时,耐克的在线广告相应地推出一个晃动的链接,上网者点击它,可以直接进入 whatever 网站。每一支电视广告播出大约两星期,只要电视广告的版本更改了,在线广告也相应地调换,与电视广告保持统一步调。

为了吸引更多的上网者,营销队伍为电视广告设计了七八种结局,让观众始终有新鲜的感觉。在网站,观众可以对几种电视广告的结局投票,这大大提高了观众的兴趣，吸引更多的观众登录网站。

观众可通过拨打电话索取广告片中运动鞋的详细资料，也可索取本地区耐克零售商的地址，或是直接在耐克网站购买。

总体来看，耐克整合在线和线下广告的营销宣传战役，取得了很大的成功。根据 Nielsen/NetRatings 的数据，耐克的网络广告高峰时的点击率超过 9%，而行业的普遍点击率低于 1%；耐克此次电视与在线广告总共为 whatever.nike.com 带来了 426 万的访问者。

后 记

　　这本书确实写了许久，几易其稿，最终完稿的近三分之二的文章重新撰写。

　　因为工作的缘故，长期以来，我对美国品牌的市场营销与广告策略进行了研究，接触到许多精妙的营销策略与广告战役。一直希望将这些经典案例写出来，与大家分享。

　　动笔之时，才发现所需知识与资料的储备远远不够。特别是决定在各个部分增加大型营销案例之后，遇到了前所未有的挑战。将一个品牌跨年度的营销战役或是系列营销战役讲明白太难了，资料短缺、文化的差异……

　　我很欣慰，终于完成了。

　　在书稿的写作过程中，得到许多朋友、老师的帮助与支持，在此表示诚挚谢意。中国广告协会的刘文哲老师曾给予我许多支持，特此致谢。

　　另外，感谢我的家人，你们的全力支持与耐心鼓励，激励我完成本书。

　　本人虽尽全力，但因时间紧张、学识所限，疏忽与纰漏在所难免，恳请指正。

周环宇

2007 年 6 月 9 日